La passation des marchés publics locaux

LES GUIDES
JURIDIQUES
de la Gazette

La passation des marchés publics locaux

Antoine Alonso Garcia

EDITIONS
LE MONITEUR

ISBN : 2-281-12448-7

SOMMAIRE GÉNÉRAL

AVERTISSEMENT

Par commodité et pour simplifier la clarté de l'exposé, les nouvelles dispositions du code des marchés publics issu du décret n° 2004-15 du 7 janvier 2004 sont désignées dans le présent ouvrage sous l'abréviation « CMP 2004 ». Le code des marchés publics découlant de la réforme du 7 mars 2001, aujourd'hui abrogé, est désigné dans le présent ouvrage sous l'abréviation « CMP 2001 », lorsqu'il a été nécessaire de s'y référer à titre comparatif.

LISTE DES SIGLES ET DES ABRÉVIATIONS

AAPC	avis d'appel public à la concurrence
aff.	affaire
AJDA	L'Actualité juridique – Droit administratif
al.	alinéa
AMP	accord sur les marchés publics
art.	article
BJCP	Bulletin juridique des contrats publics
BOAMP	Bulletin officiel des annonces des marchés publics
CAA	cour administrative d'appel
CAO	commission d'appel d'offres
CCAG	cahier des clauses administratives générales
CCAP	cahier des clauses administratives particulières
CCAS	centre communal d'action sociale
CCTG	cahier des clauses techniques générales
CCTP	cahier des clauses techniques particulières
CE ass.	Conseil d'État, assemblée du contentieux
CE	Conseil d'État
CGCT	code général des collectivités territoriales
cie	compagnie
CJA	code de justice administrative
CJCE	Cour de justice des communautés européennes
CJEG	Cahiers juridiques de l'électricité et du gaz
CMP	code des marchés publics
comm.	commentaire
concl.	conclusion
Contrats marchés publ.	Contrats et marchés publics
CPV	common procurement vocabulary (vocabulaire commun pour les marchés publics)
DGCCRF	direction générale de la concurrence, de la consommation et de la répression des fraudes
EPCI	établissement public de coopération intercommunale
HT	hors taxes
JCP	Juris-Classeur périodique
JO	Journal officiel
JOAN	Journal officiel de l'Assemblée nationale

JOCE	Journal officiel de la Communauté européenne
JOUE	Journal officiel de l'Union européenne
Lebon	Recueil des décisions du Conseil d'État, du Tribunal des conflits et des jugements des tribunaux administratifs
MP	Revue des marchés publics
MTP	Le Moniteur des travaux publics et du bâtiment
MTP suppl. TO	Le Moniteur des travaux publics et du bâtiment, supplément Textes officiels
obs.	observation
PME	petite et moyenne entreprise
OPHLM	Office public d'HLM
PRM	personne responsable du marché
RDI	Revue de droit immobilier
RDP	Revue de droit public
Rec. CJCE	Recueil de la Cour de justice des Communautés européennes
RFDA	Revue française de droit administratif
req.	requête
SA	société anonyme
sté	société
TA	tribunal administratif

INTRODUCTION

Annoncé à maintes reprises, le « nouveau » code des marchés publics, issu du décret n° 2004-15 du 7 janvier 2004 (*JO* 8 janvier), est entré en vigueur le 10 janvier 2004. Ce « nouveau » code remplace dans son intégralité le code des marchés publics issu de la réforme du 7 mars 2001. La nouvelle réglementation présente, selon la direction des affaires juridiques du ministère de l'économie, des finances et de l'industrie, plusieurs objectifs.

Cette réforme de la commande publique tend, tout d'abord, à améliorer la transparence et à stimuler la mise en concurrence qui doit accompagner la conclusion de tous les marchés publics. Cette volonté se matérialise essentiellement dans la soumission explicite de tous les marchés publics, y compris ceux présentant un montant inférieur aux seuils de mise en concurrence, au respect d'obligations de mise en concurrence et de publicité (CMP, art. 1er). Le CMP 2004 a ainsi explicitement supprimé les marchés conclus sans « formalités préalables ».

Ensuite, le nouveau CMP vise à simplifier le droit de la commande publique. Cette volonté de simplification passe, avant tout, par le relèvement des seuils de mise en concurrence. Le seuil de recours obligatoire aux procédures formalisées est rehaussé, au niveau local, de 90 000 à 230 000 € HT. En dessous de ce dernier seuil, l'acheteur public est désormais libre de définir les règles de publicité et de mise en concurrence qu'il doit mettre en œuvre pour aboutir à la conclusion du marché public envisagé. Ce relèvement des seuils de mise en concurrence s'accompagne d'une suppression de la nomenclature nationale des achats publics, tant décriée par les acheteurs publics. Dorénavant, les personnes publiques ne sont plus obligées de calculer le montant du marché public envisagé par rapport à cette nomenclature issue de l'arrêté du 13 décembre 2001 (*JO* 26 décembre). Faute de nomenclature nationale, le CMP 2004 permet à l'acheteur public d'établir lui-même une grille d'évaluation de ses besoins qui devra, toutefois, respecter les principes définis par la nomenclature communautaire[1]. Enfin, cette simplification des règles applicables à la com-

(1) Nomenclature « CPV » (*common procurement vocabulary*, « vocabulaire commun pour les marchés publics ») adoptée par le règlement CE n° 2151/2003 du 16 décembre 2003 (*JOUE* 17 décembre L. 329/1).

mande publique a conduit les pouvoirs publics à modifier certains éléments des procédures de mise en concurrence jugés trop rigoureux (développement du procédé des attestations sur l'honneur au niveau de la sélection des candidatures, possibilité de demander aux candidats de régulariser leur candidature en cas de documents manquants, ouverture des plis de candidatures par la personne responsable du marché et non plus par la commission d'appel d'offres...).

Enfin, d'un point de vue strictement juridique, le CMP 2004 tente d'harmoniser le droit national et le droit communautaire. La non-conformité de l'ancienne réglementation nationale, issue du décret du 7 mars 2001, avec la législation communautaire rendait, en effet, nécessaire un « toilettage » du code. Stigmatisée par la Commission européenne, cette incompatibilité entre la norme nationale et la norme communautaire a conduit le Conseil d'État à annuler certaines dispositions du CMP 2001 »[2]. Ce travail d'harmonisation n'a pas totalement abouti puisque la Commission européenne a, par un avis motivé du 4 février 2004, considéré que le CMP 2004 ne respectait pas le droit communautaire sur au moins trois éléments[3].

Les trois axes de réforme définis par le ministère de l'Économie et des Finances (transparence, simplification et harmonisation) doivent conduire les collectivités publiques à devenir des acheteurs publics « adultes », délivrés du formalisme de l'ancienne réglementation et soucieux de la recherche de la meilleure offre.

(2) Le Conseil d'État a ainsi annulé l'article 3-7 du CMP 2001 qui excluait, d'une manière générale, les contrats de mandat du champ d'application du code (CE ass. 5 mars 2003, Union nationale des services publics industriels et commerciaux et autres, req. n° 233.372, concl. Piveteau, *BJDCP* 2003, p. 209 et s.). La Haute Juridiction administrative a également prononcé l'annulation des articles 39 et 40 du CMP 2001 en tant qu'ils ne prévoyaient pas de modèles d'avis d'appel public à la concurrence pour les marchés entrant dans le champ d'application des directives n° 92/50 et n° 93/36 relatives aux marchés respectivement de services et de fournitures (CE 28 avril 2003, Fédération française des courtiers d'assurances et de réassurances et autres, req. n° 233.343 et 233.474 – CE 28 avril 2003, Syndicat national des pharmaciens hospitaliers et praticiens hospitaliers universitaires, req. n° 237.717, concl. Piveteau sous ces deux affaires, *BJDCP* 2003, p. 286 et s.). Le Conseil d'État a également prononcé, dans ces deux derniers arrêts, l'annulation du 4e alinéa de l'article 58 du CMP 2001 et du 8e alinéa de l'article 63 de ce même code, au motif que les conditions posées par la réglementation nationale pour réduire les délais de mise en concurrence ne respectaient pas les exigences posées par les directives communautaires.

(3) Les critiques formulées par la Commission européenne portent essentiellement sur le nouvel article 30 qui ne liste pas les catégories de services soumis à un régime de passation allégée, sur l'article 3-5 qui dispense de toute obligation de mise en concurrence et de publicité les contrats qui ont pour objet des emprunts ou des engagements financiers souscrits auprès d'organismes bancaires, et sur l'article 60 qui n'oblige pas l'acheteur public à fixer, dans l'avis de publicité, à cinq le nombre minimum de candidats admis à déposer une offre en cas d'appel d'offres restreint.

La sécurisation du processus conduisant à la conclusion des marchés publics et l'exploitation des nouvelles « souplesses » introduites par le CMP 2004 supposent une pleine maîtrise, par l'acheteur public, des règles de passation de ces contrats. Pour ce faire, avant de déterminer la procédure de mise en concurrence adéquate, l'acheteur public doit identifier et appréhender son besoin (chapitre 1).

Ce n'est qu'à l'issue de cette interrogation préalable que l'acheteur public est en mesure de déterminer la procédure de passation applicable au marché envisagé.

Il est en principe tenu de lancer une procédure d'appel d'offres, procédure de passation de droit commun de marché (chapitres 2 et 3). Le montant ou l'objet de l'achat public envisagé peuvent, toutefois, le conduire, dans les conditions strictement définies pas le code, à lancer une procédure adaptée ou dérogatoire (chapitres 4 à 10).

1

ÉVALUATION DES BESOINS ET CHOIX DE LA PROCÉDURE

Avant de déterminer la procédure de mise en concurrence adéquate, l'acheteur doit répondre à quatre séries d'interrogations préliminaires. Tout d'abord, il doit vérifier que le contrat qu'il envisage de conclure rentre dans le champ d'application du CMP. Ensuite, il doit déterminer l'étendue du besoin à satisfaire et définir la nature du marché envisagé. Enfin, il doit estimer le montant du marché qu'il projette de conclure. Ce n'est qu'à l'issue de ce travail en amont qu'il pourra déterminer la procédure de passation à mettre en œuvre.

1.1 Contrats exclus du champ d'application du CMP

Le CMP 2004 n'a pas modifié la définition des marchés publics. Une collectivité locale passe un marché public lorsqu'elle conclut un contrat à titre onéreux avec des personnes publiques ou privées pour répondre à ses besoins en matière de travaux, de fournitures ou de services (CMP, art. 1er).

La conclusion d'un marché public suppose, tout d'abord, un échange de consentement entre, au moins, deux parties : la collectivité locale acheteuse, d'une part, et le ou les prestataires privés ou publics, d'autre part. Ensuite, le marché public suppose obligatoirement le versement d'un prix par la collectivité locale « acheteuse » au profit du ou des prestataires privés ou publics qui vont exécuter ledit contrat. Il est à noter que le prix versé par la personne publique locale « acheteuse » peut être indirect. Il s'agit des hypothèses où elle ne verse pas directement au titulaire du marché un prix, mais permet à ce dernier de tirer de l'exécution du marché une contrepartie onéreuse. Tel est le cas, à titre d'illustration, des recettes publicitaires perçues par le prestataire en charge d'assurer l'installation et l'exploitation de mobiliers urbains sur le domaine public (TA Cergy-Pontoise 5 décembre 2000, Préfet de la Seine-Saint-Denis, req. n° 99-7485/3, *BJCP* 2001, p. 353). En revanche, si la rémunération du titulaire du contrat dépend substantiellement des redevances versées par les usagers d'un service public, et plus spécifiquement des résultats de l'exploitation, le contrat ne constitue pas un marché public mais une convention de délégation de service public dont la conclusion est soumise aux règles spécifiques énoncées aux articles L. 1411-1 et suivants du CGCT (CE 15 avril 1996, Préfet des Bouches-du-Rhône, req. n° 168.325, *RFDA* 1996, p. 715, concl. Chantepy – CE 30 juin 1999, Smitom centre-ouest seine-et-marnais, req. n° 198.147, *AJDA* 1999, p. 714, concl. Bergeal).

Certains contrats constituant des marchés publics au sens de l'article 1er du CMP ne sont pas soumis aux règles de procédure définies par le code. Ces exceptions dérogatoires sont prévues à l'article 3 du CMP. Il s'agit essentiellement des contrats présentant un objet très particulier (achat d'œuvres d'art, acquisition ou location de biens immobiliers, contrats d'emprunts ou d'engagements financiers, contrats qui exigent le secret...). Dans ces hypothèses, la personne publique « acheteuse » n'est pas tenue de soumettre la conclusion du marché public envisagé aux règles de passation définies par le CMP. La dérogation prévue à l'article 3, 1° du CMP peut particulièrement intéresser les collectivités locales. Cette disposition permet, en effet, à la collectivité publique de ne pas soumettre au formalisme concurrentiel défini par le code les contrats à titre onéreux conclus avec un « cocontractant sur lequel elle exerce un contrôle comparable à celui qu'elle exerce sur ses propres services et qui réalise l'essentiel de ses activités pour elle »(4). Si ces deux conditions de nature organique et économique sont respectées, la collectivité publique peut, à titre d'illustration, confier à une société d'économie mixte « partenaire » la réalisation de prestations de services, de fournitures ou de travaux, sans mise en concurrence préalable. Toutefois, dans cette hypothèse, le cocontractant (dans notre illustration la société d'économie mixte locale) doit appliquer, pour répondre à ses besoins propres, les règles de passation définies par le CMP.

Dès lors que le contrat répond à la définition du marché public et qu'il ne rentre pas dans l'une des catégories dérogatoires définies à l'article 3 du CMP, sa conclusion est soumise au formalisme concurrentiel prévu par le code. Dans ce cas, l'acheteur public doit, pour déterminer la procédure de mise en concurrence adéquate, dans un premier temps, recenser précisément ses besoins.

1.2 Définition préalable des besoins

1.2.1 Une exigence juridique, une nécessité économique

Les marchés des personnes publiques doivent présenter un objet exclusif. Ils doivent être conclus pour répondre exclusivement et directement aux besoins de la personne publique concernée. La nature et l'étendue de ces besoins doivent

(4) Sur une mise en œuvre pratique de cette dérogation, voir CJCE 18 novembre 1999, Teckal SRL c/Comune di Viano et Azienda Gas-Acqua Conzorziale (AGAC) di Reggio Emilia, aff. C.107/98, *Rec. CJCE* I-1999, p. 8121.

être déterminées avec précision par la personne publique avant tout appel à la concurrence ou toute négociation non précédée d'un appel à concurrence (CMP, art. 5 § I). Cette obligation de définition préalable des besoins ne constitue pas qu'une exigence juridique, elle est une nécessité économique. Cette phase de recensement préalable permet, en effet, à l'acheteur public de définir une politique d'achat efficace comprenant, entre autres, un regroupement pertinent des besoins, des engagements contractuels pluriannuels permettant d'obtenir des conditions avantageuses, ou encore une bonne adéquation entre la demande exprimée par la personne publique et l'offre des prestataires potentiels. La mise en place de cette politique d'achat global doit permettre à l'acheteur public de respecter les règles de computation des seuils posées par le CMP et d'éviter au maximum les achats effectués au coup par coup, sans perspective globale.

1.2.2 Un recensement par la personne responsable du marché

Le CMP 2004 a introduit dans le code l'article 5 § II. Dorénavant, l'autorité compétente peut déterminer « le niveau auquel les besoins de fournitures et de services sont évalués ». Le CMP 2004 établit ainsi une distinction entre la personne publique « acheteuse » et la personne responsable du marché (voir, sur ce point, la circulaire du 7 janvier 2004 portant manuel d'application du CMP, point 4.3, *JO* 8 janvier). La personne publique « acheteuse » (c'est-à-dire la collectivité territoriale concernée) peut, désormais, déterminer le niveau auquel les besoins doivent être pris en compte et appréciés au regard des seuils fixés pour la passation des marchés publics. La circulaire du 7 janvier 2004 précise, il est vrai, que le niveau de prise en compte des besoins se situe normalement au niveau de la personne publique, c'est-à-dire de la collectivité territoriale elle-même. « Le choix de tout niveau inférieur d'agrégation doit être justifié par des éléments objectifs » (circulaire du 7 janvier 2004, point 4.3.1).

Si de tels éléments existent, la collectivité territoriale « a la possibilité de désigner des personnes responsables du marché (PRM) chargées de mettre en œuvre les procédures de marchés correspondant aux besoins ainsi définis ». Cette possibilité doit être utilisée avec précaution par les acteurs publics locaux, puisque l'article 5 § II du CMP précise que la mise en œuvre d'un tel procédé « ne doit pas avoir pour effet de soustraire des marchés aux règles qui leur sont normalement applicables en vertu du présent code ». En outre, au regard de son éventuelle incompatibilité avec le droit communautaire qui ne connaît que la notion de « pouvoir adjudicateur », il est conseillé de n'utiliser ce procédé que pour les seuls besoins en services ou fournitures présentant un montant global (couvrant la totalité des besoins de la personne publique acheteuse) inférieur aux seuils communautaires fixés à 230 000 € HT.

1.2.3 Définition des besoins par rapport aux normes homologuées

Lorsque les marchés présentent un montant supérieur à 230 000 € hors taxes, la personne publique doit définir ses besoins par rapport à des normes homologuées dans les conditions prévues par le décret n° 84-74 du 26 janvier 1984 fixant le statut de la normalisation. Lorsque l'acheteur public fait référence à une norme non issue des normes européennes, il doit indiquer dans les documents de consultation la mention « ou équivalent ».

1.2.4 Marchés de définition

Bien que le recensement des besoins constitue un préalable juridique et économique obligatoire, il subsiste des cas où un tel recensement peut s'avérer difficile ou impossible. Dans cette hypothèse, la personne publique peut, tout d'abord, envisager de confier à un prestataire extérieur le soin de circonscrire ses besoins et de rédiger en conséquence le cahier des charges. Face à ces difficultés, la collectivité publique peut également décider de recourir à la conclusion de marchés de définition. Ces marchés ont, en effet, pour « objet d'explorer les possibilités et les conditions d'établissements d'un marché ultérieur » (CMP, art. 73). Ils peuvent être utilisés lorsque la « personne publique n'est pas en mesure de préciser les buts et performances à atteindre par le marché, les techniques de base à utiliser, (ou) les moyens en personnel et en matériel à mettre en œuvre ». La conclusion de plusieurs marchés de définition ayant le même objet et exécutés simultanément peut permettre, sous certaines conditions, à la personne publique de confier à l'auteur de la solution retenue l'exécution de la prestation, sans nouvelle mise en compétition (voir 6.2.1).

1.3 Choix de la forme du marché à conclure

Le recensement préalable des besoins doit permettre à la personne publique de déterminer la forme du marché à conclure. Au vu de la nature de la prestation attendue du futur titulaire du marché, l'acheteur public doit, en effet, se prononcer sur l'opportunité de recourir à la conclusion d'un marché fractionné ou/et de mettre en place un marché alloti.

1.3.1 Conclusion d'un marché ordinaire ou d'un marché fractionné

La détermination précise des besoins et des prestations permet à la collectivité publique de choisir entre deux catégories de marchés : les marchés ordinaires, qui correspondent aux marchés dans lesquels les besoins et les prestations sont précisément déterminées, et les marchés fractionnés, qui permettent à la personne responsable du marché de conclure un marché alors que, pour des raisons économiques, techniques ou financières, le rythme ou l'étendue des besoins à satisfaire ne peut pas être défini et arrêté par ledit marché.

Les marchés fractionnés se divisent en deux sous-catégories : les marchés à bons de commande et les marchés à tranches conditionnelles.

Le marché à bons de commande s'exécute par émission de bons de commande successifs, selon les besoins. Il concerne les hypothèses où l'objet et le prix des prestations sont déterminés, mais où le rythme ou l'importance desdites prestations ne peut pas être déterminé à l'avance. Ce type de marché s'avère très utile en matière de prestations de services (prestation de nettoyage, par exemple). Sauf dérogation particulière prévue par l'article 71, le marché fixe le minimum et le maximum en valeur ou en quantité des prestations (le montant maximum ne pouvant pas être supérieur à quatre fois le minimum).

Les marchés à tranches conditionnelles comportent une tranche ferme et une ou plusieurs tranches conditionnelles (CMP, art. 72). Ce type de marché est relativement bien adapté aux marchés de travaux. Le marché définit la consistance, le prix ou ses modalités de détermination et les modalités d'exécution des prestations de chaque tranche. L'exécution de chaque tranche conditionnelle est subordonnée à une décision de la personne responsable du marché, notifiée au titulaire dans les conditions fixées par le marché.

1.3.2 Recours à l'allotissement

Afin de favoriser l'accès des petites et moyennes entreprises à la commande publique, l'article 10 du CMP prévoit que les achats de fournitures, de services ou de travaux peuvent être répartis en lots donnant lieu chacun à un marché distinct. L'acheteur public décide librement du recours à l'allotissement, en fonction des avantages techniques, économiques ou financiers qu'il procure. Ce choix est irrévocable et suppose, en principe, la passation de marchés séparés.

Dans l'hypothèse d'un marché alloti, les entreprises doivent présenter autant d'offres que de lots auxquels elles se portent candidates. Les rabais sont interdits. À ce titre, les candidats ne peuvent pas présenter des offres qui varient selon le nombre de lots susceptibles d'être obtenus. Les offres sont examinées lot par lot. Chaque lot constituant un marché distinct, les lots sont attribués individuellement les uns après les autres. Lorsqu'un candidat se voit attribuer plusieurs lots, il est possible de ne signer avec ce candidat qu'un seul marché les regroupant.

1.4 Calcul du seuil de l'achat public projeté

Après avoir procédé au recensement de ses besoins, déterminé le niveau auquel ces besoins sont évalués et fixé la forme du marché, l'acheteur public doit estimer le seuil de l'achat public envisagé. Il n'est tenu, au niveau local, de lancer une procédure d'appel d'offres que dès lors que :
– en premier lieu, la prestation objet du marché n'est pas soumise à une procédure de passation dérogatoire. À titre

d'illustration, il se peut que l'objet du marché que souhaite conclure la personne publique rentre dans l'une des catégories visées à l'article 35 du CMP qui permet à la personne publique de lancer, et ce quel que soit le montant du marché, une procédure négociée avec ou sans publicité et mise en concurrence préalable ;
– en second lieu, le montant estimé du marché excède les seuils de mise en concurrence définis à l'article 28 § I et II du CMP. En application de ces dernières dispositions, le recours à la procédure d'appel d'offres est obligatoire, au niveau local, lorsque le montant des marchés des fournitures et des services excède 230 000 € HT. En matière de travaux, le recours à la procédure d'appel d'offres n'est obligatoire que lorsque le montant du marché excède 5 900 000 € HT. Entre 230 000 et 5 900 000 € HT, l'acheteur public choisit discrétionnairement si le marché de travaux est conclu à la suite d'une procédure d'appel d'offres, d'une procédure de dialogue compétitif (voir chapitre 8), ou d'une procédure négociée avec publicité et mise en concurrence préalable (voir chapitre 6).

Les règles de computation du montant estimé d'un marché public sont définies à l'article 27 du CMP. Elles sont différentes selon qu'il s'agit d'un marché de services ou de fournitures, ou d'un marché de travaux. Le CMP définit également les règles de computation des seuils applicables à certaines hypothèses particulières.

1.4.1 Règles applicables aux marchés de services et de fournitures

Le CMP 2004 a profondément modifié le mode de computation du montant d'un marché de services ou de fournitures.

Tout d'abord, l'article 27 du CMP n'oblige plus les acheteurs publics, pour calculer le montant d'un marché de services ou de fournitures, à utiliser la nomenclature nationale des achats publics issue de l'arrêté du 13 décembre 2001 (*JO* 26 décembre 2001, p. 20608). À ce titre, le point 7.2 de la circulaire du 7 janvier 2004 portant manuel d'application du CMP (*JO* 8 janvier 2004) précise que celle-ci « dont l'inadaptation a été constatée dans bien des cas, n'est désormais plus la référence obligatoire ».

Désormais, faute de nomenclature nationale des achats publics, les collectivités publiques sont invitées « à adopter une classification propre de leurs achats selon une typologie qui soit cohérente avec leur activité et qui tienne compte de leur connaissance de l'offre du marché étant entendu que le niveau le plus fin de cette typologie regroupe des produits ou services de même nature où le besoin homogène trouve tout son sens » (circulaire du 7 janvier 2004, point 7.2). En tout état de cause, les acheteurs publics sont tenus de respecter la nomenclature communautaire harmonisée (CPV)(5) lorsque le marché envisagé dépasse, en matière de services ou de fournitures, le seuil de 230 000 € HT. Dès lors, l'éventuelle classification propre à la collectivité adoptée par l'acheteur public doit, en tout état de cause, être compatible avec la nomenclature communautaire.

La souplesse introduite, dans ce domaine, par le CMP 2004 réside également dans la suppression, en matière de services ou de fournitures, des différentes hypothèses de computation des seuils. Sous l'empire du CMP 2001, les règles de computation des seuils étaient, en effet, différentes selon que les fournitures ou services constituaient des ensembles uniques de prestations, des prestations récurrentes, ou une réalisation continue de prestations de services (CMP 2001, art. 27 § II).

Désormais, l'état du droit est, sur ce point, plus simple. L'acheteur public est simplement tenu, pour calculer le montant de l'achat envisagé, de cumuler l'ensemble des services ou des fournitures qui « peuvent être considérés comme homogènes » (CMP 2004, art. 27 § II). Des services ou des fournitures présentent un caractère homogène « soit en raison de leurs caractéristiques propres, soit parce qu'ils constituent une unité fonctionnelle » (CMP 2004, art. 27 § II).

Pour évaluer le montant des besoins à comparer aux seuils, l'acheteur public peut donc être tenu, dans certaines hypothèses, de cumuler le montant des services présentant des caractéristiques différentes dès lors que lesdits services poursuivent la réalisation d'un même objectif.

(5) Nomenclature « CPV » (*common procurement vocabulary*, « vocabulaire commun pour les marchés publics ») adoptée par le règlement CE n° 2151/2003 du 16 décembre 2003 (*JOUE* 17 décembre L. 329/1).

Enfin, afin d'éviter le « saucissonnage » temporel de la commande publique, le troisième alinéa de l'article 27 § II du CMP 2004 exige que, pour les marchés d'une durée inférieure ou égale à un an, le montant à comparer aux seuils de mise en concurrence corresponde aux besoins d'une année.

Bien entendu, l'ensemble de ces principes définis à l'article 27 § II du CMP 2004 trouve à s'appliquer quel que soit le nombre de prestataires auxquels il est fait appel.

1.4.2 Règles applicables aux marchés de travaux

Les règles de computation du montant des marchés de travaux demeurent dans le CMP 2004 relativement inchangées par rapport aux principes définis par le CMP 2001. Pour calculer le montant d'un marché de travaux, l'acheteur public doit prendre en compte « la valeur globale des travaux se rapportant à une opération portant sur un ou plusieurs ouvrages » (CMP 2004, art. 27 § I). Le CMP fournit, désormais, une définition de la notion d'opération de travaux. En application de l'article 27 § I, « il y a opération de travaux lorsque le maître de l'ouvrage prend la décision de mettre en œuvre, dans une période de temps et un périmètre limités, un ensemble de travaux caractérisé par son unité fonctionnelle, technique ou économique ». Bien entendu, ces principes de computation des seuils s'appliquent quel que soit le nombre d'entrepreneurs auxquels fait appel la personne publique.

1.4.3 Hypothèses particulières

Marchés allotis

L'article 27 § III du CMP précise, sans surprise, que pour les marchés comportant des lots est retenue la valeur estimée de la totalité des lots. « La procédure de passation de chaque lot est celle qui s'applique au marché pris dans son ensemble. » Ce principe connaît, toutefois, une dérogation liée à l'hypothèse des « petits lots ». Dans le cas d'un marché de services ou de fournitures alloti, les lots présentant un montant inférieur à 80 000 € HT peuvent être conclus selon une procédure adaptée dès lors que les lots soumis à cette procédure n'excèdent pas 20 % de la valeur de l'ensemble des marchés.

CONSEIL PRATIQUE *Il convient de noter que la directive « Fournitures », à la différence de la directive « Services » ne prévoit pas cette possibilité. Dans ces conditions, il est vivement conseillé de ne pas utiliser cette dérogation lorsque le marché de fournitures envisagé dépasse le seuil communautaire.*

Pour les marchés de travaux, le montant des lots soumis à ce régime dérogatoire est fixé à 80 000 € HT pour les marchés de travaux présentant un montant inférieur au seuil communautaire. Pour les marchés de travaux présentant un montant supérieur à 5 900 000 € HT, le montant des lots soumis au régime dérogatoire est fixé à 1 000 000 € HT. La limitation de 20 % trouve à s'appliquer à ces deux hypothèses (CMP, art. 27 § III).

Marchés fractionnés

Le montant à prendre en compte en cas de conclusion d'un marché fractionné correspond à l'ensemble des bons de commande ou des tranches conditionnelles susceptibles d'être exécutés par le titulaire.

Marchés reconduits

L'article 15 du CMP précise clairement que le nombre des reconductions doit être indiqué dans le marché. L'acheteur doit donc estimer le montant de ses besoins en y intégrant la valeur de ces reconductions. À titre d'illustration, le montant d'un marché d'un an susceptible d'être reconduit explicitement deux fois de suite doit être calculé en prenant en compte l'ensemble des prestations à réaliser sur ces trois ans.

Marchés mixtes

Lorsqu'un marché public a pour objet à la fois des services et des fournitures, c'est un marché de services si la valeur de ceux-ci dépasse celle des produits à fournir.

Lorsqu'un marché public a pour objet à la fois des services mentionnés à l'article 29 et des services mentionnés à l'article 30, les marchés sont passés conformément aux dispositions de l'article 29 lorsque la valeur des services mentionnés à l'article 29 dépasse la valeur des services mentionnés à l'article 30.

1.5 Détermination de la procédure de passation adéquate

Après avoir répondu aux quatre questions préliminaires qui viennent d'être présentées, la collectivité publique peut déterminer la procédure de passation applicable au marché envisagé. La marge de manœuvre reconnue aux collectivités publiques dans le choix de cette procédure est strictement encadrée par les dispositions d'ordre public du CMP.

1.5.1 La procédure d'appel d'offres

L'article 26 du CMP énonce, en effet, que les marchés publics sont passés, en principe à la suite d'une procédure d'appel d'offres. Ceci oblige donc l'acheteur à recourir à l'appel d'offres sauf dispense expressément énoncée par le code.

La procédure d'appel d'offres constitue donc la procédure de « droit commun » de passation des marchés publics (CMP, art. 26, al. 1). Le lancement d'une telle procédure de mise en concurrence est uniquement fonction du seuil de l'achat public envisagé. Selon le montant du marché que la personne publique envisage de conclure, le recours à la procédure d'appel d'offres est soit obligatoire, soit optionnel, soit facultatif.

Procédure obligatoire, optionnelle ou facultative

Lorsque le montant du marché envisagé excède les seuils communautaires (230 000 € pour les services et les fournitures et 5 900 000 € HT pour les travaux), le recours à la procédure d'appel d'offres est, en principe, obligatoire. L'acheteur public ne peut contourner cette obligation que si l'objet du marché envisagé rentre dans le champ d'application d'une procédure dérogatoire (sur ces procédures, voir chapitres 4 à 10).

Lorsque la personne publique envisage de conclure un marché de travaux présentant un montant compris entre 230 000 et 5 900 000 € HT, le lancement d'une procédure d'appel d'offres n'est plus obligatoire, mais uniquement optionnel. Dans cette hypothèse, en effet, la personne publique est libre de conclure le marché de travaux à la suite d'une procédure d'appel d'offres, d'une procédure de dialogue compétitif ou d'une procédure négociée avec publicité et mise en concurrence préalable (CMP, art. 28 § III).

Enfin, si le marché de travaux, de services ou de fournitures envisagé par l'acheteur public présente un montant inférieur à 230 000 € HT, l'article 28 du CMP permet normalement à la personne publique de conclure ledit marché à la suite d'une procédure « adaptée » (sur cette procédure, voir chapitre 4). Dans ce cas, la personne publique demeure, toutefois, libre de lancer une procédure d'appel d'offres pour conclure un tel marché. Dans une telle hypothèse, le lancement d'une procédure d'appel d'offres est, par conséquent, simplement facultatif.

Procédure ouverte ou restreinte

Les procédures d'appel d'offres peuvent être ouvertes ou restreintes (CMP, art. 33, al. 2). L'appel d'offres est dit ouvert lorsque tous les concurrents intéressés peuvent retirer un dossier de consultation et remettre une offre. La procédure est « restreinte » lorsque seuls les candidats préalablement sélectionnés par l'acheteur public sont autorisés à déposer une offre. La procédure restreinte tend donc à cantonner le jeu de la concurrence en ne permettant qu'aux candidats présentant les meilleures références et capacités de déposer une offre. Le choix entre le lancement d'un appel d'offres ouvert ou d'un appel d'offres restreint relève du pouvoir discrétionnaire de la personne publique.

Quelle que soit sa nature (ouvert ou restreint), l'appel d'offres présente un double objectif. Cette procédure doit, d'une part, permettre de garantir le respect des principes de transparence et d'égalité de traitement des candidats, et, d'autre part, favoriser la mise en place d'une mise en concurrence effective aboutissant au choix de l'offre économiquement la plus avantageuse.

Pour atteindre ce double objectif, le CMP a considérablement encadré le déroulement de la procédure (voir chapitre 3) et a précisé le champ de compétences reconnu à chacun de ses acteurs (chapitre 2).

1.5.2 Les procédures dérogatoires ou spécifiques

L'article 1er du CMP rappelle aux acheteurs publics que les marchés publics qu'ils envisagent de conclure doivent impérativement respecter les principes de liberté d'accès à la commande publique, d'égalité de traitement des candidats et de transparence des procédures. Le respect de l'ensemble de ces principes garantit « l'efficacité de la commande publique et la bonne utilisation des deniers publics ». La procédure d'appel d'offres, en raison du formalisme qui l'entoure, constitue la procédure de mise en concurrence la plus à même de répondre à l'ensemble de ces principes. C'est pourquoi elle constitue la procédure de « droit commun » de passation des marchés publics. L'article 26 du CMP oblige donc l'acheteur à y recourir sauf dispense expressément énoncée par le code.

Les dérogations à l'obligation de lancement d'une procédure d'appel d'offres sont de deux ordres.

En premier lieu, le CMP prévoit une dérogation qui est uniquement fonction du montant de l'achat envisagé. Lorsque ce montant est inférieur à 230 000 € HT, l'acheteur public peut conclure ledit marché à la suite d'une procédure de concurrence « adaptée » (chapitre 4).

En second lieu, le CMP prévoit six grandes hypothèses où l'objet du marché envisagé permet ou oblige, selon le cas, l'acheteur public à délaisser la procédure d'appel d'offres. Selon l'objet du marché envisagé, quel que soit son montant, l'acheteur doit ou peut, dans cette hypothèse, lancer une procédure « dérogatoire » de mise en concurrence. Les procédures « dérogatoires » fonction de l'objet du marché sont les suivantes : procédure allégée applicable aux services visés à l'article 30 (chapitre 5), procédures négociées (chapitre 6), procédure du concours (chapitre 7), procédure du dialogue compétitif (chapitre 8), procédure propre aux marchés de conception-réalisation (chapitre 9) et procédure propre à l'obligation de décoration des constructions publiques (chapitre 10).

2

LES ACTEURS DE LA PROCÉDURE D'APPEL D'OFFRES

Deux acteurs jouent un rôle prédominant dans le déroulement d'une procédure d'appel d'offres. Il s'agit de la personne responsable du marché (PRM) et de la commission d'appel d'offres (CAO).

2.1 La personne responsable du marché

La personne responsable du marché (PRM) est définie à l'article 20 du CMP comme l'organe « chargé de mettre en œuvre les procédures de passation et d'exécution des marchés ». Elle est, en outre, compétente pour procéder à la signature du marché.

2.1.1 Désignation de la PRM

Le CMP ne précise pas explicitement l'organe en charge au niveau local d'exercer le rôle de PRM. Le silence du CMP, sur ce point, est comblé par les dispositions du code général des collectivités territoriales (CGCT) prévoyant ces problèmes de compétence. L'article L. 2122-21 du CGCT dispose, en effet, que « sous le contrôle du conseil municipal et sous le contrôle administratif du représentant de l'État dans le département, le maire est chargé, d'une manière générale, d'exécuter les décisions du conseil municipal et, en particulier [...] 6° de souscrire les marchés ». L'article 10 de la loi « Murcef » a étendu ce régime aux présidents des conseils généraux et des conseils régionaux[6].Dans ces conditions, il y a lieu de considérer que les maires, les présidents des conseils généraux et régionaux constituent, au niveau local, les PRM de « droit commun ».

2.1.2 Désignation de plusieurs PRM au sein d'une même collectivité publique

Le CMP 2004 innove cependant en permettant à une collectivité publique de désigner plusieurs PRM (CMP 2004, art. 20, al. 3). Pour ce faire, la nouvelle réglementation opère une distinction subtile entre la personne publique « acheteuse » et la PRM. Désormais, en application de l'article 5 § II du CMP, « l'autorité compétente » de la personne publique concernée peut déterminer le niveau auquel les besoins de fournitures et de services sont évalués (sur la mise en œuvre de ce procédé, voir 1.2.2). Cette même « autorité

(6) Loi n° 2201-1168 du 11 décembre 2001 portant mesures urgentes de réformes à caractère économique et financier (*JO* 12 décembre).

compétente » peut, dans ce cadre, désigner d'autres PRM que l'exécutif local de droit commun. Ces PRM secondaires seront en charge de gérer les procédures de passation, de signer et d'exécuter les marchés relevant de leur « niveau » de compétences. Le troisième alinéa de l'article 20 du CMP précise, à ce titre, que les délégations de compétence ou de signature consenties doivent préciser les catégories et les montants des marchés concernés.

2.1.3 Représentation de la PRM

Le second alinéa de l'article 20 du CMP précise que « la PRM peut se faire représenter dans l'exercice de ses fonctions ». Au niveau local, les éventuelles « représentations » de la PRM par d'autres élus locaux ou par des agents publics de la collectivité devront respecter les règles générales énoncées par le CGCT en matière de délégations de signature et de compétence[7]. En tout état de cause, le CMP précise que la représentation de la PRM ne peut jamais porter sur « le choix de l'attributaire et la signature du marché ».

2.1.4 Compétence de la PRM

Dans la procédure d'appel d'offres, le CMP reconnaît à la PRM des compétences fort nombreuses. En amont de la procédure, elle établit les formalités de publicité (avis de préinformation et les avis de publicité), choisit le mode de dévolution des marchés, choisit la nature ouverte ou restreinte de la procédure, arrête le dossier de consultation des entreprises et choisit les critères de sélection des candidatures et des offres. Au cours de la procédure, la PRM ouvre les plis contenant les candidatures et en enregistre le contenu. S'il s'agit d'une procédure restreinte, elle transmet aux candidats sélectionnés la lettre de consultation les invitant à déposer une offre dans un délai prédéfini. En aval de la procédure, elle informe les candidats du rejet de leurs offres et prend en charge l'ensemble des modalités juridiques permettant l'entrée en vigueur des marchés (mise au point, signature, notification et transmission en préfecture

(7) Pour la commune, CGCT, art. L. 2122-18 et L. 2122-19 ; pour le département, CGCT, art. L. 3221-3 ; pour la région, CGCT, art. L. 4231-3.

du marché). Il convient de noter que la PRM ne dispose pas, dans la procédure d'appel d'offres, du pouvoir décisionnel pour apprécier la valeur des candidatures et des offres déposées par les candidats. Il revient à la commission d'appel d'offres d'arrêter, au niveau local, la liste des candidats admis à déposer une offre et de désigner l'offre économiquement la plus avantageuse.

2.2 La commission d'appel d'offres (CAO)

Chaque collectivité locale ou établissement public local est obligé d'instituer une CAO à caractère permanent. Ses membres sont élus en son sein selon des modalités strictement encadrées par le CMP. De même, les modalités de fonctionnement de la CAO ainsi que ses compétences sont également strictement délimitées.

2.2.1 Institution de la CAO

La nécessité de constituer une CAO à caractère permanent a longuement été débattue sous l'empire des anciennes réglementations puisque aucun texte n'imposait une telle constitution. Le débat semble, aujourd'hui, résolu par le CMP 2004. L'article 22, dans sa nouvelle rédaction, précise, en effet, que les collectivités locales ou les établissements publics locaux doivent constituer « une ou plusieurs CAO à caractère permanent ». En plus de cette ou ces CAO à caractère permanent, la personne publique peut, également, si elle le souhaite, constituer une CAO spécifique pour la passation d'un marché déterminé.

Aucune disposition du CMP n'encadre la durée des CAO. Dans ces conditions, il revient à l'assemblée délibérante de définir la durée du mandat des membres de la CAO.

▸ **CONSEIL PRATIQUE** *Par souci d'harmonisation, la durée du mandat des membres de la CAO peut être calquée sur celle du mandat des membres de l'assemblée délibérante.*

2.2.2 Composition de la CAO

La commission d'appel d'offres est principalement composée de deux catégories de membres dotés de pouvoirs différents.

Seuls les élus désignés par l'assemblée délibérante locale ont un pouvoir de décision. D'autres membres, ayant seulement une voix consultative, peuvent être également appelés à siéger par le président.

Les personnes ayant voix délibérative

Les membres de la CAO investis du pouvoir de décision sont les élus désignés en son sein par l'assemblée délibérante de la collectivité locale, d'une part, et l'exécutif local, d'autre part.

Le nombre de représentants de l'assemblée délibérante varie en fonction de la nature de la collectivité territoriale (région, département, commune, établissement public local) et de sa taille, lorsqu'il s'agit d'une commune.

Pour les communes de plus de 3 500 habitants comme pour la région et le département, cinq membres de l'assemblée délibérante doivent être désignés pour siéger à la CAO, en sus du maire ou de son représentant, président de la commission.

Pour les communes de moins de 3 500 habitants, trois membres du conseil municipal doivent siéger au sein de la CAO, aux côtés du maire ou de son représentant, président de la commission.

Lorsqu'il s'agit d'un établissement public de coopération intercommunale ou d'un syndicat mixte, la CAO doit, tout d'abord, comprendre le président de l'EPCI ou du syndicat mixte (ou son représentant). Ce dernier est le président de la commission. De plus, la CAO de l'EPCI ou du syndicat mixte concerné doit également comporter un nombre de membres égal à celui prévu pour la composition de la CAO de la collectivité disposant du plus grand nombre d'habitants. Ces derniers sont élus par l'assemblée délibérante de l'établissement ou du syndicat. Lorsque le nombre de conseillers élus au sein de l'EPCI ou du syndicat mixte ne permet pas d'atteindre ce nombre, la CAO est composée au minimum d'un président et de deux membres élus par l'assemblée délibérante de l'EPCI ou du syndicat mixte.

Lorsqu'il s'agit d'un autre établissement public local, deux à quatre membres de l'organe délibérant doivent composer la CAO, en sus du représentant légal de l'établissement public local ou de son représentant, président de la CAO.

Enfin, dans les établissements publics de santé ou les établissements publics sociaux ou médico-sociaux, les modalités de composition et de fonctionnement de la ou des CAO sont fixées par le directeur de l'établissement après avis du conseil d'administration. Outre le directeur ou son représentant, le président, chaque commission doit comporter au moins un membre désigné par le conseil d'administration en son sein ou parmi les personnalités qualifiées proposées par le directeur. Chacune de ces CAO désignées dans ce dernier cadre doit comporter un nombre impair de membres.

Les personnes ayant voix consultative

Le président de la CAO peut appeler à siéger au sein de la commission des personnes ayant voix consultative.

Il peut s'agir, tout d'abord, de « personnalités compétentes », eu égard à la nature du marché. Peut ainsi participer aux travaux de la CAO un représentant du service technique compétent pour suivre l'exécution des travaux ou effectuer le contrôle de conformité lorsque la réglementation impose le recours d'un tel service ou lorsque le marché porte sur des travaux subventionnés par l'État. En outre, la spécificité de certaines procédures d'appel d'offres peut inciter le président de la CAO à convoquer des « personnalités compétentes » dans le domaine dans lequel se situe le marché, afin que ces dernières puissent éclairer l'analyse des membres de la CAO.

Ensuite, le président de la CAO peut également inviter à participer à la CAO, avec voix consultative, le comptable public et un représentant du directeur général de la concurrence, de la consommation et de la répression des fraudes. Si, sous l'empire du CMP 2001, la présence de ces personnes était déjà facultative, leur convocation était, en revanche, obligatoire. Le CMP 2004 supprime cette obligation et laisse à l'appréciation du président de la CAO l'opportunité de la convocation et de la présence de ces représentants de l'État. En cas de convocation du comptable public et du représentant de la DGCCRF, leurs éventuelles observations sont consignées au procès verbal (CMP, art. 22 § V).

Enfin, dans le cas bien spécifique des établissements publics de santé et des établissements publics sociaux et médico-sociaux, le président de la CAO peut décider de convoquer un représentant du directeur départemental des affaires sanitaires et sociales. Dans ce cas, ses éventuelles observations sont également consignées au procès-verbal (CMP, art. 22 § IV, 3°).

Le concours de juristes de la collectivité

La CAO peut s'adjoindre le concours d'agents de la collectivité compétents en matière de droit des marchés publics (CMP, art. 22 § VII).

Autres personnes

Il est proscrit de faire assister aux réunions de la CAO des membres surnuméraires. Ne peuvent notamment assister aux réunions de la CAO les suppléants de membres présents (CE 8 décembre 1997, Sté Ricard, Lebon, p. 96 – CE 13 mars 1998, Syndicat intercommunal d'adduction d'eau potable du pont du Gard, Lebon, p. 97).

2.2.3 Désignation des membres de la CAO

Les membres de la CAO peuvent être répartis en deux grandes catégories : les représentants de l'assemblée délibérante de la collectivité locale et les personnalités ayant voix consultative. Les premiers constituent des membres de droit de la CAO. Les seconds sont invités au cas par cas par le président de la CAO selon la prestation objet du marché. Relève également de la compétence du président de la CAO le soin de décider de convoquer lors de la séance de la CAO le comptable public et le représentant de la DGCCRF.

Les membres « de droit » de la CAO sont désignés en son sein par l'assemblée délibérante de la collectivité locale. L'article 22 § III du CMP précise que « l'élection des membres titulaires et des suppléants a lieu sur la même liste, sans panachage, ni vote préférentiel » selon le système de la représentation proportionnelle au plus fort reste.

L'exécutif local, ou son représentant, assure la présidence de la CAO.

2.2.4 Fonctionnement de la CAO

Les membres de la CAO sont convoqués par les services de la collectivité cinq jours francs avant la date prévue pour la réunion (CMP, art. 23). Il est conseillé de procéder à cette convocation par lettre recommandée avec accusé de réception. Le juge administratif censure, en effet, les procédures d'appel d'offres dans lesquelles la personne publique se trouve dans l'incapacité de démontrer la régularité de la convocation des membres de la CAO (pour une illustration concernant l'impossibilité de démontrer que les conseillers municipaux ont été régulièrement convoqués, CAA Lyon 25 octobre 2001, Ville de Dijon, req. n° 01-2017, *BJCP* n° 23, p. 296, concl. Bourrachot).

La CAO ne peut valablement délibérer que lorsque plus de la moitié de ses membres ayant voix délibérative sont présents. Si ce quorum n'est pas atteint à la première convocation, la commission est à nouveau convoquée. Elle peut alors valablement délibérer sans condition de quorum. En cas de partage des voix, le président a voix prépondérante. Les délibérations de la CAO sont consignées dans un procès-verbal. Chaque membre de la CAO peut également demander à ce que ses observations y apparaissent. Le procès-verbal constitue ainsi un document écrit dont la communication peut être demandée en vertu de loi n° 78-753 du 17 juillet 1978 portant diverses mesures d'amélioration des relations entre l'administration et le public et diverses dispositions d'ordre administratif, social et fiscal.

2.2.5 Compétence des commissions

Au niveau local, la CAO est investie d'importants pouvoirs de décision. Elle est compétente pour dresser la liste des candidats admis à déposer une offre et pour sélectionner l'offre économiquement la plus avantageuse. De même, lui est reconnue la compétence pour déclarer infructueux un appel d'offres.

3

LE DÉROULEMENT DE LA PROCÉDURE D'APPEL D'OFFRES

La procédure d'appel d'offres constitue la procédure de mise en concurrence la plus achevée. Censé favoriser l'efficacité de la mise en concurrence et garantir le respect du principe d'égalité de traitement des candidats, le déroulement de l'appel d'offres est strictement encadré par le CMP. Chronologiquement, cette procédure peut être présentée en six phases successives. L'acheteur public doit, tout d'abord, établir les avis de publicités obligatoires et rédiger les documents de consultation. Il doit ensuite respecter les délais de mise en concurrence impératifs fixés par le CMP avant de procéder à la sélection des candidatures et de choisir l'offre économiquement la plus avantageuse. L'entrée en vigueur du contrat suppose enfin le respect de formalités ultimes sanctionnant l'achèvement de la procédure.

3.1 La publicité

Afin d'assurer la plus grande transparence possible, le CMP soumet les procédures d'appel d'offres à des formalités de publicité très strictes. Ces formalités de publicité répondent à des objectifs divers. Elles tendent, d'une part, à informer en amont des procédures les acteurs économiques des besoins d'un acheteur public déterminé et, d'autre part, à communiquer à ces mêmes acteurs économiques, en fin de procédure, les éléments chiffrés et individualisés de l'offre finalement retenue. Les publicités, intervenant en amont de la procédure, sont de deux ordres : il s'agit de l'avis de préinformation et de l'avis d'appel public à la concurrence. L'avis d'attribution, publicité intervenant en fin de procédure, est étudié dans la section consacrée aux règles gouvernant l'achèvement de la procédure (voir 3.6).

3.1.1 L'avis de préinformation

L'avis de préinformation répond à un objet indicatif. Il ne constitue pas un moyen de mise en concurrence. Son objectif est simple. Il s'agit pour les acheteurs publics d'informer, en amont, les entreprises sur les contrats financièrement importants qu'ils envisagent de conclure à moyen terme. Cette publicité doit permettre aux futurs candidats de se préparer à soumissionner lorsque les procédures de mise en concurrence seront lancées. L'avis de préinformation, en raison de sa nature purement indicative, n'engage pas juridiquement l'acheteur public qui peut renoncer à la passation des marchés envisagés[(8)].

La publication d'un tel avis permet à l'acheteur public, sous certaines conditions, de réduire les délais de mise en concurrence. Dans la mesure où la collectivité a informé les futurs candidats de sa volonté de lancer des procédures de mise en concurrence devant aboutir à la conclusion de contrats, elle dispose, en application des articles 57 § II et 62 § II du CMP, de la faculté de réduire le délai de réception des offres (voir 3.3.1, utilisation de l'avis de préinformation pour raccourcir les délais).

(8) Le Conseil d'État a ainsi admis que la programmation par l'administration de ses besoins ne l'engage pas juridiquement (CE 26 février 1988, SA Eurocable, *RDP* 1989, p. 555).

Marchés publics soumis à la publication d'un avis de préinformation

Seuils de publication

Seuls les marchés présentant un montant élevé sont soumis à l'exigence d'un avis de préinformation. Cette publication ne trouve ainsi à s'appliquer qu'aux seuls marchés de services et de fournitures présentant un montant supérieur à 750 000 € HT et qu'aux seuls marchés de travaux présentant un seuil supérieur à 5 900 000 € HT.

Le caractère obligatoire de la publication de l'avis de préinformation, lorsque ces derniers seuils sont dépassés, a fait l'objet de nombreuses controverses. Le CMP, dans sa version de 2001, ne répondait pas explicitement à cette interrogation. Ce silence de la réglementation a conduit le Conseil d'État à juger que la publication de l'avis de préinformation était obligatoire dès lors que les seuils étaient atteints (CE 19 novembre 2003, Ville de Nîmes c/Sté Dalkia France, req. n° 257.100, *AJDA* 2004, p. 24). Cette réponse adoptée par la Haute Juridiction nationale allait à contre-courant de la position plus souple arrêtée par la Cour de justice des communautés européennes (CJCE 26 septembre 2000, Commission c/République française, aff. de la construction et de la maintenance de bâtiments scolaires menées par la région Nord-Pas-de-Calais et par le département du Nord, aff. C-225/98, *Rec. CGCE* I, p. 7445 ; *AJDA* 2000, p. 1055, note C. Lambert). Le CMP 2004 a mis définitivement fin à ce débat en adoptant la solution préconisée par la juridiction communautaire. L'alinéa 2 de l'article 39 § I du code précise, en effet, que l'envoi de l'avis de préinformation n'est obligatoire que dans le cas où la personne responsable du marché souhaite bénéficier de la réduction des délais offerts par une telle publication. À l'inverse, la publication de l'avis de préinformation devient facultative lorsque la procédure d'appel d'offres lancée par l'acheteur public obéit aux délais de mise en concurrence de droit commun.

Calcul du seuil de publication

Les règles de computation des seuils sont différentes selon qu'il s'agit d'un marché de services et de fournitures, ou qu'il s'agit d'un marché de travaux.

Hypothèse des marchés de services et de fournitures

Pour les services et les fournitures, l'article 39 § II du CMP énonce que le seuil de 750 000 € HT doit être calculé par « catégories de services homogènes » et par « groupes de produits homogènes » susceptibles de faire l'objet de marchés pendant les douze mois à venir.

Ces notions relativement floues doivent être interprétées à la lumière de l'article 27 § II du CMP qui précise que les services et les fournitures présentent un caractère homogène « soit en raison de leurs caractéristiques propres, soit parce qu'ils constituent une unité fonctionnelle ».

Pour faciliter la mise en œuvre de ces notions subjectives, l'acheteur public doit apprécier le caractère homogène des « groupes de produits » ou des « catégories de services » visé à l'article 39 § II du CMP par rapport aux nomenclatures européennes (en ce sens, *MP* n° 4/2001 p. 10).

Afin d'améliorer l'information des fournisseurs et de garantir une meilleure qualité des publications, la Commission européenne a, dans ce domaine, harmonisé l'état du droit. Pour ce faire, elle a adopté une nomenclature, intitulée « vocabulaire commun pour les marchés publics » (CPV), qui se substitue aux quatre nomenclatures traditionnelles (c'est-à-dire NACE Rev. 1, CPC Prov., CPC et NC)[9] qui présentaient un champ d'application limité. La nomenclature « CPV » adoptée par règlement du 16 décembre 2003[10] établit un système de classification unique applicable à l'ensemble des marchés publics excédant le seuil communautaire. Seuls les « groupes de produits » ou les « catégories de services », tels que définis par la nomenclature CPV, excédant le seuil de 750 000 € HT sur les douze mois, sont ainsi soumis à publication d'un avis de préinformation.

Hypothèse des marchés de travaux

Selon l'article 39 § III du CMP, le seuil de publication de l'avis de préinformation en matière de travaux est calculé en fonction du « programme de travaux » arrêté par la personne

(9) CPV : *common procurement vocabulary*, « vocabulaire commun pour le marché public » – NACE : nomenclature des activités économiques dans la communauté européenne – NACE Rev. 1 : nomenclature pour les travaux – CPV Prov. : nomenclature pour les services – NC : nomenclature combinée.

(10) Règlement CE n° 2151/2003 du 16 décembre 2003, *JOUE* 17 décembre L. 329/1.

responsable du marché. Le CMP et les directives communautaires ne définissent pas cette notion, issue du droit communautaire. Dans ces conditions, il apparaît logique de considérer que le calcul du montant d'un « programme de travaux » obéit aux mêmes règles que le calcul du seuil d'un marché de travaux. En application de l'article 27 § I du CMP, le montant d'un « programme de travaux » semble donc correspondre à la valeur globale des travaux concourant à la réalisation dudit programme qui peut porter sur un ou plusieurs ouvrages.

Modalités de publication des avis de préinformation

Support de la publicité

L'avis de préinformation doit être adressé pour publication à l'Office des publications officielles de l'Union européenne(11).

Date de publication

En matière de services et de fournitures, l'article 39 § II, dans sa nouvelle rédaction issue du CMP 2004, ne précise pas la date à laquelle l'acheteur public doit procéder à la publication de l'avis de préinformation. La personne publique n'est donc plus tenue, a priori, de procéder à la publication de cet avis « dès le début de l'exercice budgétaire », ainsi que l'imposait l'ancien article 39 § II du CMP 2001.

Toutefois, le silence que garde sur ce point la réglementation nationale doit être interprété à la lumière des directives communautaires qui disposent que l'avis de préinformation « est envoyé le plus rapidement possible après le début de chaque exercice budgétaire » (directive n° 92/50 CEE du conseil du 18 juin 1992 portant coordination des procédures de passation des marchés publics de services, art. 17.2 (*JOUE* L. 209 du 24 juillet 1992) et directive n° 93/36 CEE du conseil du 14 juin 1993 portant coordination des procédures de passation des marchés de fournitures, art. 9 (*JOUE* L. 199 du 9 août 1993). La marge de manœuvre reconnue, dans ce domaine, à l'acheteur public, bien qu'importante, demeure donc un minimum encadré par le droit communautaire.

(11) www.simap.eu.int

En matière de travaux, la collectivité publique doit adresser l'avis de préinformation à l'office de publication « après » la décision de réalisation du programme de travaux concerné (CMP, art. 39 § III). Le droit communautaire se montre, sur ce point, un peu plus précis que la réglementation nationale en précisant que « l'avis indicatif est envoyé le plus rapidement possible après la prise de décision autorisant le programme dans lequel s'inscrivent les marchés de travaux que les pouvoirs adjudicateurs entendent passer » (directive n° 93/37 du 14 juin 1993, art. 11.6). De nouveau, la latitude reconnue, sur ce point, à l'acheteur public, est des plus importante.

Quel que soit l'objet du marché (travaux, fournitures ou services), l'avis de préinformation doit être envoyé à la publication avant l'avis d'appel public à la concurrence. Il n'existe pas de délai minimum imposé entre les deux publications (en ce sens, voir CE 27 juillet 2001, Sté Degremont, Syndicat intercommunal d'assainissement et de protection de l'environnement de Toulon, La Valette, La Garde, Le Pradet, *BJCP* 2001, p. 512, concl. Piveteau). Toutefois, si la collectivité souhaite bénéficier, par le biais de l'avis de préinformation, d'une réduction des délais de réception des offres, les articles 57 § II et 62 § II du CMP exigent que l'avis de préinformation ait été envoyé « à la publication 52 jours au moins et 12 mois au plus avant la date d'envoi de l'appel public à la concurrence » (voir 3.3.1, utilisation de l'avis de préinformation pour raccourcir les délais).

Contenu de l'avis

L'article 39 du CMP 2001 ne précisait pas le contenu de l'avis de préinformation. La réglementation nationale exigeait simplement que cet avis comporte les mentions essentielles en laissant à l'acheteur public le soin de déterminer la nature de ces mentions essentielles.

Or, le droit communautaire se montre, dans ce domaine, plus exigeant. La directive n° 97/52/CEE du 13 octobre 1997 transposant l'accord sur les marchés publics exige, en effet, que l'avis de préinformation contienne les mêmes renseignements que l'avis d'appel public à la concurrence dès lors que le pouvoir adjudicateur fait usage de la faculté de réduction du délai de réception des offres offert par la publication d'un tel avis de préinformation. Constatant ce décalage entre un droit national où le contenu de l'avis de préinformation est libre et un droit communautaire plus formaliste, le Conseil d'État a prononcé l'annulation partielle de l'article 39 du CMP 2001 (CE 28 avril 2003, Fédération française des courtiers d'assurances et réassurance et autres, req. n° 233.343, 233.474, *Contrats marchés publ.* 2003 n° 118, comm. P. Delelis).

Le CMP 2004 a pris acte de cette dernière jurisprudence du Conseil d'État et des exigences du droit communautaire en fixant le contenu de l'avis de préinformation. Les mentions devant figurer dans l'avis de préinformation doivent ainsi être précisées par un arrêté ministériel pris en application de l'article 39 § I du CMP.

CONSEIL PRATIQUE *À ce jour, cet arrêté ministériel n'est pas intervenu. Dans ces conditions, il convient de se référer aux modèles d'avis de préinformation figurant dans la directive n° 2001/78/CE du 13 septembre 2001 de la Commission portant modification des annexes des différentes directives sur les marchés publics (JOCE L. 285/1 du 29 octobre 2001) et transposées en droit national par l'arrêté du 4 décembre 2002 (JO 30 janvier 2003).*

Le modèle d'avis de préinformation comprend trois grandes catégories de mentions.

Tout d'abord, le formulaire standard d'avis de préinformation indique que certaines mentions sont impératives. Il s'agit des mentions portant sur l'identification du pouvoir adjudicateur, sur l'application de l'accord sur les marchés publics (AMP) à la procédure en cause, sur l'objet du marché (lieu d'exécution, nomenclature pertinente, nature et étendue des travaux ou nature et quantité des fournitures et des services pour chacune des catégories de services) et sur le caractère obligatoire et la date d'envoi de l'avis. En raison de leur caractère impératif, l'omission d'une seule de ces mentions est susceptible d'entraîner l'illégalité de la procédure de mise en concurrence si l'acheteur public utilise la faculté de réduction des délais de réception des offres offerte par la publication de l'avis de préinformation.

Ensuite, certaines mentions ne présentent qu'un caractère facultatif, puisque le modèle d'avis indique qu'il s'agit de « champs non indispensables à la publication de l'avis ». Il s'agit essentiellement des mentions indiquant le type de pouvoir adjudicateur, de l'intitulé et du numéro de référence du marché, et du financement du projet ou du programme par les fonds communautaires. En raison de leur caractère facultatif, l'omission de ces mentions ne devrait pas être sanctionnée par le juge.

Enfin, certaines mentions ne doivent être indiquées que dans le cas où l'acheteur public dispose de ces renseignements au moment où il procède à la publication de l'avis de préinformation. Dans l'hypothèse d'un marché de travaux, il s'agit des mentions précisant le coût estimatif des travaux, la date de lancement de la procédure, les dates de commencement et d'achèvement des travaux et les modalités essentielles de financement et de paiement. Dans l'hypothèse d'un marché de services ou de fournitures, ce régime ne s'applique qu'à la seule mention indiquant la date prévue de lancement de la procédure de passation. En cas de démonstration de la volonté de l'acheteur public d'occulter certaines informations (montant envisagé des travaux, par exemple), le juge pourrait sanctionner l'absence d'indications de certaines de ces mentions.

En tout état de cause, l'acheteur public est incité à fournir le maximum d'informations. La directive n° 97/52/CEE du 13 octobre 1997 transposant l'accord sur les marchés publics exige, en effet, que l'avis de préinformation contienne les mêmes renseignements que l'avis d'appel public à la concurrence, dès lors que le pouvoir adjudicateur fait usage de la faculté de réduction du délai de réception des offres.

3.1.2 L'avis d'appel public à la concurrence

Afin d'assurer la transparence de l'achat public et l'efficacité de la mise en concurrence, toute procédure d'appel d'offres est précédée d'un avis d'appel public à la concurrence (CMP, art. 40 § I). L'acheteur public doit veiller à respecter l'ensemble des règles nationales et communautaires qui encadrent les modalités de publication et le contenu de cet avis.

Avis ponctuel ou avis global

Le principe demeure que chaque procédure d'appel d'offres fait l'objet d'un avis d'appel public à concurrence spécifique. Toutefois, l'article 40 § VIII du CMP reconnaît à l'acheteur public la possibilité, en cas d'appel d'offres restreint, de publier un seul avis pour l'ensemble des marchés qu'il envisage de conclure. Cette possibilité est soumise à une double exigence : les marchés envisagés doivent porter sur des prestations de même nature et être lancés dans les douze mois qui suivent la publication de l'avis annuel. En raison de l'incompatibilité de ce procédé avec le droit communautaire, seuls les marchés présentant un montant inférieur au seuil communautaire (concrètement, les marchés de travaux présentant un montant compris entre 230 000 et 5 900 000 € HT) peuvent faire l'objet d'un avis annuel.

Modalités de publication de l'avis

Seuil et organes de publication

Marchés de service et de fournitures présentant un seuil supérieur à 230 000 € HT

Au-delà du seuil de 230 000 € HT, les marchés de services et de fournitures font obligatoirement l'objet d'une publication au *Bulletin officiel des annonces des marchés publics (BOAMP)* et dans le *Journal officiel de l'Union européenne (JOUE)*.

Particularités des marchés de travaux

Les marchés de travaux obéissent à un régime hybride. Pour les marchés de travaux présentant un seuil compris entre 90 000 et 5 900 000 € HT, l'avis d'appel public à la concurrence doit être inséré, au choix, dans le *BOAMP* ou dans une publication habilitée à recevoir des annonces légales. La liste de ces dernières publications varie selon les départements et est fixée par un arrêté préfectoral consultable en préfecture. L'article 40 § IV du CMP invite, en outre, la collectivité publique à compléter cette publication obligatoire par une publication supplémentaire dans un journal spécialisé correspondant au secteur économique concerné. C'est à l'acheteur public qu'il revient d'apprécier, compte tenu de la nature et du montant des travaux, l'opportunité d'une telle publication complémentaire. Lorsqu'ils dépassent le seuil de 5 900 000 € HT, les marchés de travaux font l'objet d'une double publication au *BOAMP* et au *JOUE*. Le respect de ces règles est, bien entendu, impératif.

Particularités d'une double publication au *BOAMP* et au *JOUE*

Lorsque la conclusion du marché public est soumise à une double publication au sein du *BOAMP* et du *JOUE* (marchés de services et de fournitures supérieurs à 230 000 € HT et marchés de travaux supérieurs à 5 900 000 € HT), l'acheteur public est tenu de respecter une double exigence. La première est de nature temporelle : l'envoi de l'avis au *JOUE* doit intervenir avant la publication de la publicité au sein du *BOAMP*. La deuxième est matérielle : les deux avis d'appel public à la concurrence doivent contenir les mêmes informations (CMP, art. 40 § V).

Modalités d'envoi et de publication des avis

Les avis adressés au *BOAMP* sont obligatoirement transmis par téléprocédure (CMP, art. 40 § VI). Le *BOAMP* est tenu de publier l'avis dans les onze jours (six jours en cas d'urgence) à compter de sa réception (CMP, art. 40 § VII). Les délais de publication sont quasi identiques pour le *JOUE*, qui est tenu de publier les avis dans un délai de douze jours (six jours en cas d'urgence) qui suit la date de leur réception.

Contenu de l'avis d'appel public à la concurrence

Modèles de formulaires communautaires

Le CMP 2001 ne précisait pas les mentions que devait contenir l'avis d'appel public à la concurrence. L'acheteur public demeurait ainsi libre de déterminer les mentions minimales devant figurer dans l'avis d'appel public à la concurrence pour assurer la parfaite information des candidats potentiels. Cette liberté reconnue à l'acheteur public s'avérait contraire au droit communautaire, qui exige que les avis d'appel public à la concurrence soient conformes aux modèles annexés aux directives. Le Conseil d'État, constatant cette incompatibilité, a annulé partiellement l'article 40 du CMP 2001 (CE 28 avril 2003, Fédération française des courtiers d'assurances et réassurance et autres, req. n° 233.343, 233.474, *Contrats marchés publ.* 2003, n° 118, comm. P. Delelis).

Le CMP 2004 a pris acte de cette dernière jurisprudence du Conseil d'État et des exigences du droit communautaire en fixant le contenu des avis d'appel public à la concurrence. Les avis publiés au *BOAMP* doivent, désormais, être établis conformément aux modèles figurant dans un arrêté ministériel du 30 janvier 2004, pris en application de l'article 40 § VI du CMP (*JO* 5 février p. 2493). Quant aux avis publiés au *JOUE*, ils doivent être conformes aux modèles figurant dans la directive n° 2001/78/CEE (*JOCE* 29 octobre 2001, L. 285/1) transposée en droit national par l'arrêté du 4 décembre 2002 (*JO* 30 janvier 2003).

Contenu des avis d'appel public à la concurrence

Les mentions composant un avis d'appel public à la concurrence peuvent être regroupées en trois grandes catégories.

Tout d'abord, certaines mentions sont impératives. Ce sont les plus importantes. Leur omission entache automatiquement d'irrégularité la procédure de mise en concurrence. Le juge administratif adopte, en effet, une lecture très littérale des mentions impératives devant figurer dans les avis d'appel public à la concurrence publiés au *JOUE*. Il suffit que l'une des mentions impératives fasse défaut pour que la procédure de mise en concurrence soit considérée comme irrégulière et, par voie de conséquence, censurée. Le juge administratif a ainsi constaté l'irrégularité de procédures d'appel d'offres engagées sur la base de publicité au *JOUE* ne mentionnant pas, contrairement aux modèles communautaires, la langue ou les langues dans lesquelles l'offre pouvait être rédigée (CE 27 juillet 2001, Cie générale des eaux, *BJCP* 2002 p. 21, concl. Piveteau) ou les critères d'attribution de marchés (TA Cergy-Pontoise 2 février 2001, Sté Polyurbaine, *BJCP* 2001, p. 354) ou la durée du marché (TA Melun 19 novembre 2003, Sté VM2 c/Ministre de la défense, req. n° 03.4063/2) ou encore l'application de l'accord sur les marchés publics (AMP) à la procédure en cause (CE 14 mai 2003, Communauté d'agglomération de Lens-Liévin, req. n° 251.336, *BJCP* 2003 p. 435, concl. Le Chatelier).

Ensuite, certaines mentions ne présentent qu'un caractère facultatif. Il s'agit des informations considérées comme « non indispensables à la publication de l'avis » par les modèles standardisés, car présentant un caractère strictement informatif (type de pouvoir adjudicateur, code NUTS, numéro de dossier...). Les acheteurs publics peuvent se dispenser de remplir ces rubriques.

Enfin, certaines rubriques des modèles standardisés de publicité comportent la mention « le cas échéant ». Le Conseil d'État a adopté une interprétation assez ferme de cette formulation. Le commissaire du gouvernement Le Chatelier a ainsi rappelé que « la formule le cas échéant ne peut en rien

[...] être interprétée comme voulant dire à titre facultatif » (concl. sous CE 14 mai 2003, Communauté d'agglomération de Lens-Liévin, req. n° 251.336, *BJCP* 2003, p. 437). Suivant sur ce point son commissaire du gouvernement, le Conseil d'État a affirmé, dans ce dernier arrêt, que l'acheteur public doit remplir les rubriques comportant la mention « le cas échéant » dès lors qu'il dispose des renseignements demandés au moment où il procède à la publication de l'avis d'appel public à la concurrence. Si l'acheteur public ne procède pas de la sorte, la procédure d'appel d'offres est entachée d'irrégularité(12).

3.2 Le dossier de consultation des entreprises

Le dossier de consultation des entreprises constitue un élément essentiel de transparence des procédures d'appel d'offres. Il répond à un double objectif. Tout d'abord, il vise à renseigner les entreprises candidates sur les attentes exactes de la prestation attendue par la collectivité publique. En second lieu, le dossier délimite le cadre juridique du marché, puisqu'il contient les documents que l'entreprise signe pour procurer un caractère contractuel à son offre.

Élément de transparence des procédures permettant d'assurer l'égalité de traitement des candidats, le dossier de consultation des entreprises ne doit pas, bien entendu, présenter un caractère discriminatoire (CE 3 novembre 1995, Sté District de l'agglomération nancéienne, *Lebon*, p. 391 – CE 29 juillet 1998, Commune de Léognan, req. n° 190.452). Il doit comporter des documents exacts (CE 15 novembre 1996, Sté Guadeloupe Entretien Maintenance, *Lebon*, p. 1010), complets (CE 6 juin 1997, SA Sté industrielle de nettoyage, *RDI* 1997, p. 583, obs. F. Llorens et P. Terneyre) et intelligibles (CJCE 18 octobre 2001, SIAC (Irlande), aff. C-19/00, *MTP* 9 novembre 2001, suppl. TO p. 372).

(12) Dans cette espèce, l'acheteur public n'avait pas précisé, entre autres, les modalités essentielles de paiement et de financement. Or, les modèles standardisés de publicité précisent que cette dernière rubrique ne doit être remplie que « le cas échéant » par la collectivité publique concernée. Le Conseil d'État a, toutefois, censuré la procédure d'appel d'offres au motif qu'au moment du lancement de la procédure, l'acheteur public avait connaissance d'indications, mêmes succinctes, sur les modalités de financement et de paiement du marché. Dès lors, ces dernières indications auraient dû figurer sur l'avis d'appel public à la concurrence.

3.2.1 Contenu du dossier de consultation

Le dossier de consultation des entreprises comprend de nombreux documents de nature variable (administrative, technique, économique, graphique...) selon la nature de la prestation exigée du futur titulaire.

Règlement de consultation

En vertu de l'article 42 du CMP, les marchés conclus à la suite d'une procédure d'appel d'offres font l'objet d'un règlement de consultation. Comme son intitulé l'indique, l'objet de ce document est d'informer les candidats des règles qui entourent la consultation. Un arrêté du 28 août 2001 (*JO* 8 septembre) pris en application de l'article 42 du CMP 2001 contient des modèles standardisés de règlement de consultation. Les acheteurs publics sont, bien entendu, invités à s'y reporter pour la rédaction de ce document. L'article 42 du CMP énonce que l'établissement de ce document est facultatif « si les mentions qui doivent y être portées figurent dans l'avis d'appel public à la concurrence ». En revanche, le procédé inverse est irrégulier. L'omission d'une mention obligatoire dans l'avis de publicité ne peut pas être régularisée par l'insertion de ladite mention dans le règlement de consultation.

Acte d'engagement

Le troisième alinéa de l'article 11 du CMP fournit une définition de l'acte d'engagement. Il s'agit de « la pièce signée par un candidat à un marché public dans laquelle il présente son offre ou sa proposition et adhère aux clauses que la personne publique a rédigées. Cet acte est ensuite signé par la personne publique ». L'acte d'engagement constitue le socle contractuel du marché comportant les principales données administratives et financières de l'offre du candidat. Pour la rédaction de l'acte d'engagement, les acheteurs publics peuvent utilement se reporter au modèle établi par le ministère de l'économie et des finances[13].

(13) Téléchargeable sur www.minefi.gouv.fr.

Cahiers des clauses particulières

Le dossier de consultation des entreprises doit comprendre un cahier des clauses administratives particulières (CCAP) fixant les « dispositions administratives propres à chaque marché » (CMP, art. 13). Le CCAP peut faire référence au cahier des clauses administratives générales applicable à la nature de la prestation confiée au futur titulaire (CCAG-Travaux, CCAG-Fournitures courantes et services, CCAG-Prestations intellectuelles…). Dans cette hypothèse, le CCAG visé par le CCAP devient, dans son ensemble, une pièce contractuelle. À cet effet, le CCAP doit expressément mentionner les articles des documents généraux auxquels il entend déroger.

Le dossier de consultation peut également comporter un cahier des clauses techniques particulières (CCTP), qui rassemble les clauses techniques d'un marché déterminé. De nouveau, ce document particulier peut se référer au cahier des clauses techniques générales (CCTG) applicables à une catégorie de prestations (CCTG terrassements généraux…). Dans ce cas, le document particulier doit indiquer les dérogations aux documents généraux qu'il comporte.

Autres documents particuliers

Selon la nature de la prestation attendue du futur titulaire, le dossier de consultation peut comporter d'autres documents particuliers. Il peut s'agir de documents administratifs et financiers (décomposition des prix forfaitaires, bordereau de prix unitaires, détail estimatif…), de documents techniques (plans, notes de calcul, données géotechniques, plan général de coordination…) ou de tout autre document présentant un lien avec le marché (résultat d'audit, étude démographique…). Dans ce cas, l'acheteur public indique, dans le CCAP, lesquels de ces documents particuliers présentent une nature contractuelle.

3.2.2 Communication du dossier de consultation

Le respect du principe d'égalité de traitement des candidats suppose que ces derniers aient accès aux documents de consultation des entreprises dans les mêmes conditions et dans les mêmes délais (CE 13 mars 1998, SA Transports

Galiero, req. n° 165.238, *RDI* 1998 p. 359, obs. F. Llorens et P. Terneyre). Les règles de communication du dossier de consultation sont différentes selon que la procédure d'appel d'offres est ouverte ou restreinte.

Appel d'offres ouvert

En procédure d'appel d'offres ouvert, l'acheteur public doit, dès la publication de l'avis d'appel public à la concurrence, indiquer les conditions de communication du dossier de consultation des entreprises. Le règlement de consultation doit, en principe, pouvoir être communiqué aux candidats intéressés dès la parution de l'avis d'appel public à la concurrence. La collectivité publique est également tenue de communiquer, dans un délai fixé à l'article 57 du CMP, les cahiers des charges et les documents complémentaires aux candidats qui en font la demande. Le délai est fixé à 6 jours pour les marchés de travaux et de services et à 4 jours pour les marchés de fournitures. Les délais commencent à courir à compter de la demande du candidat. Ces délais peuvent être prolongés en raison de l'importance des documents. Dans ce cas, le délai de communication prolongé est indiqué dans l'avis d'appel public à la concurrence.

Appel d'offres restreint

En procédure restreinte, le dossier de consultation des entreprises est envoyé aux candidats après la phase de sélection des candidats. Dès lors, en procédure restreinte, l'acheteur public communique aux candidats ce dossier lors de l'envoi de la lettre de consultation ou, pour le moins, indique lors de cet envoi ses modalités d'obtention (CMP, art. 62).

Gratuité du dossier de consultation

Le principe demeure que les dossiers de consultation sont transmis gratuitement aux candidats. Le CMP 2004 a supprimé la possibilité pour les collectivités territoriales d'exiger des candidats le dépôt d'un cautionnement provisoire pour obtenir communication du dossier de consultation. Désormais, l'acheteur public peut simplement décider que les pièces nécessaires à la consultation sont remises aux candidats « contre paiement des frais de reprographie » (CMP, art. 41).

Transmission des dossiers de consultation

Les dossiers de consultation peuvent être transmis par voie postale ou retirés sur place. Désormais, ils peuvent également être envoyés par voie électronique (CMP, art. 56, 1°). Le décret n° 2002-692 du 30 avril 2002 (*JO* 3 mai) a encadré les modalités de transmission électronique de ces documents.

3.2.3 Modification du dossier de consultation

En cours de procédure, l'acheteur public peut ressentir la nécessité de modifier certains éléments du dossier de consultation, afin de prendre en compte un nouvel élément factuel ou pour « régulariser » certaines incohérences. La modification du dossier de consultation suppose le respect des principes de transparence et d'égalité de traitement des candidats. De telles modifications sont ainsi plus largement admises lorsque les candidats n'ont pas encore procédé au dépôt des offres.

Avant le dépôt des offres

Avant le dépôt des offres, l'acheteur public peut modifier les documents de consultation dès lors que trois conditions cumulatives sont remplies. Tout d'abord, ladite modification ne doit pas être substantielle. Ensuite, l'acheteur public doit informer l'ensemble des candidats de cette évolution. Enfin, selon la nature et le moment de la modification, la collectivité publique doit permettre aux candidats de bénéficier d'un délai raisonnable pour adapter leur offre à cette dernière modification du cahier des charges (CE 19 mars 1997, Ministre de l'agriculture, de la pêche et de l'alimentation c/Sté Bull, req. n° 171.140, *RDI* 1997, p. 436, obs. F. Llorens et P. Terneyre).

Après le dépôt des offres

Le principe d'égalité de traitement des soumissionnaires interdit, en principe, à l'acheteur public de modifier les documents de consultation après le dépôt des offres des candidats (CE 4 avril 1997, Commune de l'Ile d'Yeu, *Lebon*, p. 929).

3.3 Les délais de mise en concurrence

Le code des marchés publics et les directives communautaires imposent des délais incompressibles de mise en concurrence. Ces délais constituent un moyen d'assurer une égale concurrence entre les candidats, qui disposent d'une durée identique et suffisante pour préparer et déposer leurs candidatures et leurs offres. Le respect du principe d'égalité de traitement des candidats confère à ces délais de mise en concurrence un caractère impératif. La jurisprudence administrative est sur ce point des plus ferme et sanctionne les procédures d'appel d'offres dans lesquelles les délais minimaux de réception des candidatures et/ou des offres n'ont pas été respectés (CE 19 février 1996, Sté Aubettes, *Lebon*, p. 45), y compris lorsque toutes les entreprises candidates ont déposé leurs offres dans un délai irrégulièrement réduit (TA Nice 27 avril 2001, Préfet du Var c/CCAS de Toulon, req. n° 00-3974, *BJCP* 2001, p. 538).

3.3.1 Délai de réception des candidatures et des offres

Appel d'offres ouvert

En procédure d'appel d'offres ouvert, la sélection du futur titulaire du marché s'opère en une seule étape. Les candidats sont ainsi tenus de transmettre, en même temps, leur candidature et leur offre. Les directives communautaires et le code des marchés publics s'accordent pour fixer à 52 jours le délai minimal reconnu aux candidats pour déposer leur candidature et leur offre. L'article 57 § II du CMP prévoit toutefois deux dérogations à ce délai de droit commun. En premier lieu, en cas de publication d'un avis de préinformation, le délai de réception des candidatures et des offres peut être ramené à 22 jours. La deuxième dérogation définie par l'article 57 § II du CMP n'est pas prévue par les directives communautaires. Elle ne peut donc trouver à s'appliquer qu'aux seuls marchés soumis à une procédure d'appel d'offres et présentant un montant inférieur au seuil communautaire, c'est-à-dire concrètement qu'aux seuls marchés de travaux présentant un montant compris entre 230 000 et 5 900 000 € HT. Pour ces derniers marchés, le délai de réception des candidatures et des offres peut être ramené à 15 jours en cas « d'urgence ne résultant pas du fait de la personne responsable du marché ». La théorie de l'urgence concerne donc, en procédure d'appel d'offres ouvert, uniquement les marchés de travaux présentant un montant inférieur au seuil communautaire.

Appel d'offres restreint

En procédure d'appel d'offres restreint, la sélection du futur titulaire du marché s'opère en deux étapes. Les candidats intéressés déposent, dans un premier temps, un dossier de candidature. L'acheteur public sélectionne alors les candidats admis à déposer une offre et invite, dans un second temps, les candidats présélectionnés à déposer une offre. Les réglementations communautaire et nationale définissent ainsi un délai minimal de dépôt des candidatures et un délai minimal reconnu aux candidats présélectionnés pour déposer une offre.

Concernant, tout d'abord, le dépôt des candidatures, les directives communautaires et le code des marchés publics s'accordent pour fixer à 37 jours le délai minimum de réception des candidatures (CMP, art. 60 § II). Ce délai de droit commun connaît deux dérogations. La première dérogation est liée à l'hypothèse de l'urgence. En cas « d'urgence ne résultant pas du fait de la personne responsable du marché », le délai de réception des candidatures peut être ramené à 15 jours. Cette dérogation s'applique à l'ensemble des marchés puisqu'elle est également prévue par les directives communautaires. La seconde dérogation est uniquement nationale. Les marchés de travaux présentant un montant compris entre 230 000 et 5 900 000 € HT voient leur délai de réception des candidatures ramené à 22 jours.

Le délai de droit commun de réception des offres est fixé à 40 jours (CMP, art. 62 § II). Ce délai de droit commun connaît trois dérogations. L'ensemble des marchés voient leur délai de réception des offres ramené à 22 jours en cas de publication d'un avis de préinformation et à 15 jours en cas « d'urgence ne résultant pas du fait de la personne responsable du marché ». Les marchés de travaux présentant un montant inférieur au seuil communautaire bénéficient d'un allégement spécifique. En application de l'article 62 § II du code des marchés publics, le délai minimal de réception des offres pour les marchés de travaux inférieurs à 5 900 000 € HT est fixé à 22 jours.

Utilisation de l'avis de préinformation pour raccourcir les délais

La publication de l'avis de préinformation permet de réduire le délai de réception des offres en procédure ouverte et restreinte. Cependant, l'utilisation de ce procédé de raccourcissement des délais de mise en concurrence suppose le respect d'une double condition. Tout d'abord, l'avis de préinformation doit être conforme aux modèles standardisés de publicité prévus à l'article 39 du CMP et « contenir autant de renseignements que ceux énumérés dans l'avis d'appel public à la concurrence, pour autant que ces renseignements soient disponibles au moment de l'envoi de l'avis de préinformation » (CMP, art. 57 § II, a et 62 § II, a). En second lieu, l'utilisation de ce procédé présuppose que l'avis de préinformation ait été envoyé « à la publication 52 jours au moins et 12 mois au plus avant la date d'envoi de l'appel public à la concurrence » (CMP, art. 57 § II, a et 62 § II, a).

Recours à la théorie de l'urgence pour raccourcir les délais

La matérialisation d'une « urgence ne résultant pas du fait de la personne responsable du marché » permet de réduire les délais de mise en concurrence accompagnant une procédure restreinte (pour l'ensemble des marchés) ou ouverte (pour les seuls marchés de travaux présentant un montant inférieur à 5 900 000 € HT).

Toutefois, le recours à l'urgence implique le respect de conditions de fond et de forme.

Sur le fond, tout d'abord, la réduction des délais pour cause d'urgence présuppose que la situation d'urgence non imputable à l'acheteur public rende impraticables les délais de mise en concurrence de droit commun. La personne publique doit, par conséquent, être en mesure de démontrer objectivement que les circonstances l'empêchent de respecter les délais de droit commun de mise en concurrence, et ce, pour des raisons sérieuses ne résultant pas de son fait.

C'est ainsi que l'acheteur public ne peut pas légalement utiliser la théorie de l'urgence pour faire face à un retard dans le lancement de la procédure d'appel d'offres imputable aux services de la collectivité et concernant des besoins connus et programmés. Ainsi, les nécessités liées à la proximité de la rentrée scolaire (CE 4 avril 1997, Département d'Ille-et-

Vilaine, *Lebon*, p. 136) ou l'ouverture de la session parlementaire (CE 5 mars 1999, Président de l'Assemblée nationale, CJEG 1999, p. 181, concl. Bergeal) ne sont d'aucun secours.

En revanche, la théorie de l'urgence permet régulièrement de réduire les délais de mise en concurrence lorsque l'apparition du besoin n'est pas objectivement prévisible et que sa satisfaction suppose une rapidité qui n'est pas compatible avec les délais de droit commun (CE 30 septembre 1996, Préfet de Seine-et-Marne, *Lebon*, p. 1011)[(14)].

Le recours à la théorie de l'urgence suppose, en second lieu, le respect d'une obligation de forme. L'acheteur public est tenu d'indiquer, dans l'avis d'appel public à la concurrence, les raisons qui l'ont conduit à faire usage de la théorie de l'urgence pour raccourcir les délais de mise en concurrence.

3.3.2 Modalités d'application des délais

Règles de computation des seuils

Les délais mentionnés aux articles 57, 60 et 62 du code des marchés publics sont des délais francs. Ils commencent à courir le jour suivant l'envoi de l'avis d'appel public à la concurrence au dernier organe de publication. En l'absence d'élément rendant certaine la date d'envoi de l'avis à la publication, le juge administratif retient comme point de départ la date de la publication effective de l'avis d'appel public à la concurrence (CE 15 novembre 1996, Sté Guadeloupe Entretien Maintenance, *Lebon*, p. 1010). Les délais expirent le dernier jour à minuit.

Ces délais constituent des minima. L'acheteur public est libre de prévoir des délais plus importants. Transposant sur ce point les directives communautaires, le CMP prévoit, toutefois, deux cas dans lesquels l'acheteur public est tenu de prolonger les

(14) En l'espèce, le litige concernait la passation d'un marché de maintien de la propreté des espaces publics. La situation d'urgence découlait de la conjonction de deux éléments factuels : la proximité de l'ouverture du parc « Eurodisney », d'une part, et le retard avec lequel l'établissement public d'aménagement a remis les ouvrages à la collectivité publique en charge d'assurer la propreté du site, d'autre part. Dans la mesure où cette situation constituait un cas d'urgence qui ne résultait pas de la collectivité publique en charge d'assurer la propreté du site, le Conseil d'État a admis, dans cette hypothèse, l'utilisation de la théorie de l'urgence pour réduire les délais de mise en concurrence.

délais de mise en concurrence. Si le dépôt des offres suppose une visite des lieux ou une consultation de documents complémentaires sur place, l'acheteur public est ainsi tenu d'allonger en conséquence les délais de mise en concurrence.

Avis modificatifs et délais de mise en concurrence

Pendant le délai de mise en concurrence, la collectivité peut apporter des modifications non substantielles à l'avis d'appel public à la concurrence initial dès lors que lesdites modifications ne sont pas susceptibles de fausser la concurrence et qu'elles font l'objet d'un avis modificatif (CE 19 mars 1997, Ministre de l'agriculture c/Sté Bull, req. n° 171.140, *a contrario*). Si les modifications apportées à la mise en concurrence initiale présentent un caractère substantiel (modification de la consistance des lots, adaptation de l'objet du marché...), le délai de réception des candidatures ou des offres doit être décompté à partir de l'envoi de l'avis rectificatif, et non pas à compter de l'envoi de l'avis initial.

3.4 La sélection des candidatures

Après la publication des publicités et la rédaction du dossier de consultation, la sélection des candidats admis à présenter une offre constitue la troisième grande étape d'une procédure d'appel d'offres. Cette étape doit permettre à l'acheteur public de rejeter, en amont de la procédure, les candidats qui ne présentent pas les capacités financières, professionnelles ou techniques pour exécuter la prestation objet du marché à conclure. Le CMP encadre strictement cette étape essentielle de la procédure d'appel d'offres, d'une part en réglementant les documents dont l'acheteur public peut exiger la communication pour apprécier la capacité des entreprises, et d'autre part en soumettant la décision de sélection des candidats à une procédure très formalisée.

3.4.1 Documents exigibles

La sélection des candidats admis à déposer une offre suppose la production par ces derniers de documents exigés par l'acheteur public. L'examen de ces documents doit permettre à la personne publique concernée d'apprécier leur capacité à exécuter correctement la prestation objet du marché. Afin d'accentuer la transparence des procédures et d'assurer l'égalité de traitement des candidats, le CMP dresse une liste limitative des renseignements et documents dont l'acheteur public peut exiger la production.

Ces renseignements et documents peuvent être regroupés en deux grandes catégories. Il s'agit, tout d'abord, des informations dont la production par les candidats permet de vérifier que lesdits candidats répondent aux conditions minimales d'honorabilité et de solvabilité exigées pour avoir accès à la commande publique. Pour opérer une telle vérification, la collectivité publique concernée est tenue d'exiger la production par les candidats d'un certain nombre de documents strictement définis par le CMP et ses textes d'application. La seconde catégorie de documents encadrant la sélection des candidats répond à un objectif différent. Il s'agit de documents et de renseignements qui doivent permettre à l'acheteur public d'apprécier les capacités financières, professionnelles ou techniques des candidats à exécuter correctement le marché. Selon l'objet du marché, l'acheteur public choisit, dans la liste limitative établie par le CMP, les documents dont il exige la production pour apprécier les capacités des différents candidats.

Pour répondre aux conditions minimales d'honorabilité et de solvabilité

L'acheteur public doit, tout d'abord, solliciter la production par les candidats de documents démontrant qu'ils remplissent les conditions minimales d'honorabilité et de solvabilité exigées par le CMP pour avoir accès à la commande publique. La liste de ces documents est arrêtée à l'article 45, 2° et 3° et à l'article 46 du CMP. En application de cette dernière disposition, l'acheteur public doit obligatoirement exiger la production des documents suivants :
– si l'entreprise est en redressement judiciaire, la copie du ou des jugements prononcés à cet effet (art. 45, 2°) ;
– les certificats et les déclarations sur l'honneur en matière d'obligations fiscales et sociales (art. 45, 3°, a) ;
– la déclaration que le candidat ne fait pas l'objet d'une interdiction de concourir (art. 45, 3°, b) ;
– l'attestation sur l'honneur que le candidat n'a pas fait l'objet,

au cours des cinq dernières années, d'une inscription au bulletin n° 2 du casier judiciaire pour travail dissimulé, marchandage ou violation des règles encadrant la main-d'œuvre étrangère (art. 45, 3°, c) ;
– les documents ou attestations figurant à l'article R. 324-4 du code du travail (art. 46).

Liste limitative

Cette liste est limitative. L'acheteur public ne peut pas exiger la production de documents qui ne figurent pas dans cette liste. Une collectivité publique entache donc d'irrégularité une procédure d'appel d'offres en exigeant la production par les candidats de documents et renseignements non prévus aux articles 45, 2° et 3°, ou 46 du CMP (CE 13 novembre 2002, OPHLM de la Communauté urbaine du Mans, req. n° 245.303, *BJCP* 2003, p. 116, concl. Piveteau : en l'espèce, la personne publique exigeait la production d'une attestation par laquelle le cocontractant s'engageait à ne pas employer de travailleurs étrangers dépourvus de titre de travail. Or cette attestation ne figure pas dans la liste exhaustive fixée à l'article 45 du CMP).

La marge de manœuvre reconnue à l'acheteur public est donc inexistante. Il doit exiger la production de tous les documents visés aux articles 45, 2° et 3°, et 46 du CMP afin de s'assurer que l'ensemble des candidats admis à présenter une offre respecte les conditions minimales d'honorabilité et de solvabilité posées par le réglementation des marchés publics. Par contre, il ne peut pas aller au-delà en exigeant la production d'un document ou d'une attestation non visés par les articles 45, 2° et 3°, et 46 du CMP puisque la liste des documents listée par ces trois dernières dispositions est limitative.

Formes des attestations à produire

Le CMP 2004 a poursuivi l'allégement du formalisme encadrant le dépôt et la présentation des candidatures, amorcé par la précédente réglementation. Cet allégement passe par la généralisation du procédé des attestations sur l'honneur qui permet à l'acheteur public de ne réclamer qu'au seul candidat retenu l'ensemble des pièces et documents listés aux articles 45, 2° et 3°, et 46 du CMP.

Généralisation du procédé des attestations sur l'honneur

Le CMP 2001 avait ouvert la voie en dispensant les candidats de produire, lors du dépôt de leur candidature, les différents certificats sociaux et fiscaux délivrés par les administrations compétentes pour justifier de la régularité de leur situation fiscale et sociale. Les entreprises pouvaient lors du dépôt de leur candidature, se contenter d'attester sur l'honneur de la régularité de leur situation fiscale et sociale.

Le CMP 2004 a étendu ce procédé à la quasi-totalité des documents que les candidats doivent transmettre pour démontrer qu'ils répondent aux conditions minimales d'honorabilité et de solvabilité posées par le CMP. Désormais, lors du dépôt des candidatures, les candidats peuvent donc se contenter de produire une simple attestation sur l'honneur par laquelle ils attestent qu'ils ont satisfait à leurs obligations fiscales et sociales (CMP, art. 45, 3°, a), qu'ils ne font pas l'objet d'une interdiction de concourir (CMP, art. 45, 3°, b) et qu'ils n'ont pas fait l'objet au cours des cinq dernières années d'une inscription au bulletin n° 2 du casier judiciaire pour travail dissimulé, marchandage ou violation des règles encadrant la main-d'œuvre étrangère (CMP, art. 45, 3°, c).

Seules deux séries de documents ne peuvent pas encore faire l'objet d'une attestation sur l'honneur. En premier lieu, les candidats en situation de redressement judiciaire demeurent tenus de produire une copie du ou des jugements prononcés à cet effet. En second lieu, les candidats n'ont plus à produire, au moment du dépôt des candidatures, les documents ou attestations figurant à l'article R. 324-4 du code de travail. L'article 46 du CMP 2004 dispose, en effet, que ces derniers documents et attestations ne devront être produits que par le seul candidat à qui il est envisagé d'attribuer le marché.

Concrètement, depuis l'entrée en vigueur du CMP 2004, les documents à produire par les candidats, au moment du dépôt de leur candidature pour démontrer leur solvabilité et leur honorabilité se limitent à une triple attestation sur l'honneur et à la copie des jugements pour les seules entreprises en situation de redressement judiciaire.

Certificats sociaux et fiscaux ainsi que les pièces visées à l'article R. 324-4 du code du travail

À la suite de la décision de la commission d'appel d'offres retenant l'offre économiquement la plus avantageuse, le candidat retenu doit produire, dans un délai imparti par la personne responsable du marché, les attestations et certificats sociaux délivrés par les administrations et organismes compétents (CMP, art. 46 § I, b). La liste de ces certificats et des organismes compétents pour les délivrer est fixée par un arrêté en date du 31 janvier 2003 pris en application du CMP 2001.

En outre, dans ce même délai imparti par la personne responsable du marché, le candidat doit produire les pièces mentionnées à l'article R. 324-4 du code du travail.

À défaut de production, le candidat est éliminé et la personne responsable du marché présente une demande similaire au candidat classé deuxième par la commission d'appel d'offres (CMP, art. 53 § III).

Justificatifs des capacités professionnelles, techniques et financières des candidats

L'acheteur public doit, ensuite, exiger la production par les candidats de documents et de renseignements démontrant qu'ils disposent des capacités professionnelles, techniques et financières suffisantes pour exécuter le marché.

La liste des documents et renseignements que peut exiger la personne publique pour apprécier les capacités des candidats est fixée par un arrêté du 26 février 2004 (*JO* 11 mars) pris en application de l'article 45 du CMP 2001. La liste de ces renseignements est limitative.

La marge de manœuvre dont dispose l'acheteur public est, par conséquent, des plus étroite. Ce dernier peut choisir uniquement dans la liste des documents et renseignements prédéfinis par l'arrêté du 26 février 2004, les informations qu'il va demander aux candidats sans pouvoir exiger la production de documents ne figurant pas dans ladite liste. Le juge administratif est très vigilant sur ce point. A fait ainsi l'objet d'une censure la procédure d'appel d'offres dans laquelle l'acheteur public exigeait la production d'une liste de travaux en cours d'exécution ou exécutés durant les trois dernières années alors que l'arrêté précité prévoit qu'en cas de travaux la collectivité publique peut exiger la liste des travaux réalisés ou en cours de réalisation durant les cinq dernières années (CE 21 mai 2003, Sté Baudin Châteauneuf, req. n° 255.170, *BJCP* 2003, p. 404).

La modification intervenue est donc de taille par rapport à l'ancienne législation puisque, sous l'empire de la réglementation antérieure à 2001, la collectivité publique était libre de déterminer les documents et les informations qu'elle exigeait des candidats dès lors que cette communication était justifiée par l'objet et l'importance du marché.

Garanties techniques

Afin d'apprécier les capacités techniques des candidats, l'arrêté du 26 février 2004 permet aux personnes publiques d'exiger des candidats la production des documents suivants :
- déclaration indiquant les effectifs du candidat et l'importance du personnel d'encadrement, pour chacune des trois dernières années ;
- pour les marchés de services : indication des titres d'études et/ou de l'expérience professionnelle du ou des responsables et des exécutants de la prestation ;
- déclaration indiquant l'outillage, le matériel et l'équipement technique dont le prestataire ou l'entrepreneur dispose pour l'exécution des services ou de l'ouvrage et déclaration mentionnant les techniciens ou les organismes techniques dont l'entrepreneur disposera pour l'exécution de l'ouvrage ;
- échantillons, descriptions et/ou photographies des fournitures.

Garanties financières

L'arrêté du 26 février 2004 pris en application de l'article 45, 1° du CMP ne permet pas à l'acheteur public, pour apprécier les garanties financières des candidats, d'exiger qu'une « déclaration concernant le chiffre d'affaires global et le chiffre d'affaires concernant les fournitures, services ou travaux auxquels se réfère le marché, réalisés au cours des trois dernières années ».

Garanties professionnelles

La personne publique peut demander aux candidats de démontrer leur capacité professionnelle à exécuter le marché. À ce titre, elle peut exiger la production des documents suivants :
- justificatif de l'inscription au registre de la profession ou au registre du commerce, le cas échéant ;
- présentation d'une liste des principales fournitures ou des principaux services fournis au cours des trois dernières années ou présentation d'une liste des travaux en cours d'exécution ou

exécutés au cours des cinq dernières années, indiquant notamment le montant, la date et le destinataire public ou privé ;
– certificats de qualification professionnelle, en matière de travaux ;
– certificats établis par des services chargés du contrôle de la qualité et habilités à attester la conformité des fournitures ou des services à des spécifications ou des normes.

Le CMP 2004 a fait, sur ce point, preuve d'innovation en rajoutant à cette liste une référence supplémentaire. Désormais, les acheteurs publics peuvent également apprécier les capacités professionnelles des candidats par rapport à leur savoir-faire en matière de protection de l'environnement (CMP, art. 45, 1°).

Lorsque la personne publique exige la production de certificats de qualification professionnelle ou de certificats établis par des tiers, cette demande doit, pour être régulière, présenter deux qualités.

Tout d'abord, la demande de production doit présenter un caractère indicatif. Les candidats demeurent, en effet, libres d'apporter la preuve de leur capacité professionnelle par tout moyen. C'est ainsi qu'à défaut de production du certificat de qualification professionnelle exigé par l'acheteur public, les candidats peuvent produire des références de travaux attestant de leur compétence à réaliser la prestation pour laquelle ils se portent candidats (arrêté du 26 février 2004). Le Conseil d'État a admis la légalité de ce dernier arrêté en relevant que ledit arrêté n'introduit aucune rupture d'égalité entre les candidats potentiels aux marchés publics, dès lors qu'ils ont le choix des moyens de preuve de leur qualification (CE 28 avril 2003, Fédération française du bâtiment, Association Qualibat, req. n° 241.896 et 241.982, *BJCP* 2003, p. 281 concl. Piveteau). De même, en matière de services ou de fournitures, les candidats qui n'ont pas accès aux certificats exigés par la personne publique, ou qui n'ont aucune possibilité de les obtenir dans les délais fixés, peuvent produire toutes les preuves démontrant qu'ils ont les capacités professionnelles suffisantes pour exécuter le marché.

En second lieu, les certificats et les documents exigés par la personne publique ne doivent pas présenter un caractère discriminatoire. Ainsi, quand un acheteur public exige la production de certificats de qualification purement nationaux, le droit communautaire lui impose de faire figurer la mention « ou équivalent » (CAA Lyon 26 avril 1999, Syndicat intercommunal à vocation multiple du Tricastin c/Préfet de la Drôme, *BJCP* 2000, p. 13, concl. Bézard).

Capacités du sous-traitant

Le second alinéa de l'article 45, 1° du CMP autorise désormais les candidats à justifier de leur capacité à exécuter le marché en se prévalant des capacités professionnelles, techniques et financières d'un ou plusieurs sous-traitants.

Dans ce cas, l'article 3 de l'arrêté du 26 février 2004 précise que le candidat doit produire « les mêmes documents concernant le sous-traitant que ceux exigés des candidats par l'acheteur public ».

3.4.2 Procédure de sélection des candidatures

Les procédures « ouvertes » et « restreintes » obéissent, en dépit de certaines différences procédurales, à un processus identique de sélection des candidatures. C'est ainsi que, tout d'abord, l'acheteur public doit, par souci de transparence, annoncer les critères de sélection qu'il va utiliser pour sélectionner les candidats admis à déposer une offre. Ensuite, après dépôt des candidatures, l'autorité compétente de l'acheteur public va procéder à l'examen des candidatures et à la sélection des candidats admis à présenter une offre.

Publicité des critères

Le principe de transparence des procédures suppose que la collectivité publique énonce clairement et explicitement les critères qu'elle entend utiliser pour opérer la sélection des candidats. La personne publique doit donc énoncer explicitement, dans l'avis d'appel public à la concurrence, les documents que doivent produire les candidats à l'appui de leur candidature. Il est à noter que l'acheteur public ne peut pas se contenter de définir les documents demandés par un simple renvoi aux dispositions du code mais doit, au contraire, explicitement les énoncer dans l'avis d'appel public à concurrence (TA Bastia 19 juin 2000, Sté transports Corse européenne, req. n° 00-416, *BJCP* 2001, p. 77).

De plus, l'acheteur public doit également indiquer, dans l'avis d'appel public à la concurrence, les critères de sélection des candidatures qu'il va privilégier « compte tenu de l'objet du marché » (CMP, art. 52, 4°). En cas de procédure restreinte, la personne publique peut décider de limiter le nombre de candidats admis à présenter une offre (CMP, art. 60 § I). Dans ce cas, elle est tenue de faire mention de cette limitation dans la publicité. En outre, elle doit, dans cette hypothèse, fixer un nombre minimum et maximum de candidats admis à présenter une offre. Le nombre minimum de candidats admis à présenter une offre ne peut être inférieur à 5 (CMP, art. 60 § I). Si le nombre de candidats susceptibles d'être admis à présenter une offre est supérieur à la limitation posée par la collectivité, cette dernière est tenue de les départager en établissant un classement « prenant en compte les garanties et capacités techniques et financières ainsi que les références professionnelles des candidats » (CMP, art. 52, 3°).

L'autorité compétente pour choisir et définir les critères de sélection des candidatures est la personne responsable du marché puisque c'est elle qui doit rédiger l'avis d'appel public à la concurrence.

Autorité compétente

Le CMP 2004 a sensiblement modifié l'état du droit dans ce domaine. Sous l'empire des anciennes législations, la commission d'appel d'offres (CAO) se voyait, au niveau local, reconnaître une compétence exclusive pour ouvrir les enveloppes contenant les candidatures, en enregistrer le contenu et sélectionner les candidats admis à déposer une offre. Toute atteinte à cette compétence exclusive de la commission d'appel d'offres était sévèrement réprimée par le juge administratif (TA Cergy-Pontoise 25 février 2003, Préfet de la Seine-Saint-Denis, req. n° 01.571/3, *BJCP* 2003, p. 323 : ouverture et analyse des candidatures par les services de l'acheteur public).

Désormais, la compétence d'ouverture et d'analyse des candidatures est partagée par la personne responsable du marché et par la commission d'appel d'offres. Que ce soit en procédure d'appel d'offres ouvert ou restreint, « la personne responsable du marché ouvre l'enveloppe relative aux candidatures et en enregistre le contenu » (CMP, art. 58 § II et 61 § II). La commission d'appel d'offres demeure compétente pour examiner le contenu des candidatures et pour dresser la liste des candidats admis à présenter une offre.

Examen des candidatures

La commission d'appel d'offres s'appuie, pour examiner les candidatures, sur les critères préalablement énoncés dans l'avis d'appel public à la concurrence. Cette phase de sélection doit conduire la commission d'appel d'offres à écarter les candidatures qui sont irrecevables ou qui ne présentent pas les garanties suffisantes. En outre, la CAO ne peut examiner les candidatures d'entreprises qui ne se sont portées candidates à l'attribution du marché.

Rejet des candidatures irrecevables

La commission d'appel d'offres doit, tout d'abord, écarter les candidatures irrecevables. L'irrecevabilité d'une candidature peut résulter de trois situations.

Non-respect des règles de transmission

La remise des candidatures par les entreprises intéressées est soumise par le CMP et par le règlement de consultation au respect des règles de forme et à des délais impératifs.

En procédure d'appel d'offres ouvert, la règle de « la double enveloppe » demeure un principe. Les candidats sont ainsi tenus de transmettre leur proposition sous pli cacheté. Ce pli cacheté contient lui-même deux enveloppes cachetées : une première enveloppe contenant les renseignements relatifs à la candidature et une deuxième enveloppe contenant l'offre (CMP, art. 57 § III).

Les règles de transmission des candidatures sont sensiblement différentes en procédure d'appel d'offres restreint, puisque les candidats intéressés ne doivent pas transmettre en même temps à l'acheteur public leur candidature et leur offre. Traditionnellement, en procédure restreinte, les dossiers contenant les dossiers de candidature sont transmis sous pli cacheté contenant une seule enveloppe, également cachetée, dans laquelle est inséré l'acte de candidature.

Que l'on se situe en procédure restreinte ou en procédure ouverte, les dossiers de candidature doivent, dans les règles définies par le règlement de consultation, être transmis « par tout moyen permettant de déterminer de façon certaine la date et l'heure de leur réception et de garantir leur confidentialité » (CMP, art. 57 § III et 60 § III).

Les plis arrivés après la date et l'heure limites indiquées dans l'avis d'appel public à la concurrence ne sont pas ouverts et sont renvoyés aux candidats intéressés (CMP, art. 58 § I, 2° et 61 § I, 2°).

La commission d'appel d'offres écarte ensuite, à raison de leur irrecevabilité, les candidatures qui ne respectent pas les conditions de transmission des candidatures définies par le CMP et précisées par le règlement de consultation.

Non-respect des conditions d'honorabilité posées par les articles 43 et 44 du CMP

En premier lieu, la commission d'appel d'offres se trouve dans l'obligation d'écarter les candidatures qui ne respectent pas les conditions d'honorabilité posées par les articles 43 et 44 du CMP. À ce titre, la commission d'appel d'offres doit, tout d'abord, écarter les « personnes qui, au 31 décembre de l'année précédant celle au cours de laquelle a eu lieu le lancement de la consultation, n'ont pas souscrit les déclarations leur incombant en matière fiscale ou sociale, ou n'ont pas effectué le paiement des impôts et cotisations exigibles à cette date » (CMP, art. 43, al. 1).

Par « lancement de la consultation », il faut comprendre la date d'envoi de l'avis d'appel public à la concurrence. La CAO doit, par conséquent, écarter, pour irrecevabilité, les candidatures dans lesquelles le candidat ne démontre pas la régularité de sa situation fiscale et sociale au cours de l'année précédant celle de la date d'envoi de la publicité. Pour opérer une telle démonstration au stade de la candidature, le candidat doit fournir une attestation sur l'honneur (CMP, art. 45, 3°, a) ou directement les certificats sociaux et fiscaux.

Les entreprises créées au cours de l'année du lancement de la procédure sont dispensées d'une telle production dès lors qu'elles communiquent une pièce officielle attestant de leur constitution dans l'année. Sont également dispensés de telles productions, l'État, les collectivités territoriales et les établissements publics administratifs lorsqu'ils se portent candidats à l'attribution d'un marché.

En second lieu, la commission d'appel d'offres doit également rejeter, en application de l'article 44 du CMP, les candidatures déposées par les « personnes physiques ou morales en état de liquidation judiciaire et les personnes physiques dont la faillite personnelle a été prononcée » (CMP, art. 44).

Les candidats en situation de redressement judiciaire peuvent, en revanche, accéder à la commande publique dès lors qu'ils produisent une copie du jugement du tribunal prononcé à cet effet (CMP, art. 45, al. 2) et qu'ils sont habilités « à poursuivre leur activité pendant la durée prévisible d'exécution du marché » (CMP, art. 44, al. 2).

Non-respect des pièces exigées

Le CMP a, sur ce point, considérablement assoupli le régime juridique applicable aux candidatures ne contenant pas l'ensemble des pièces exigées par l'acheteur public. L'article 52 du CMP 2001 prévoyait, en effet, que la commission d'appel d'offres était tenue de rejeter les candidatures qui ne contenaient pas toutes les pièces exigées dans l'avis d'appel public à la concurrence. La candidature incomplète présentait de manière automatique un caractère irrecevable qui empêchait l'acheteur public de demander au candidat de régulariser sa candidature par la production de la pièce manquante (CE 13 novembre 2002, Commune du Mans, req. n° 245.354, *BJCP* 2003, p. 120, concl. Piveteau).

Le CMP 2004 a mis fin à cette jurisprudence très rigide découlant d'une réglementation qui ne reconnaissait pas à l'acheteur public la possibilité de demander aux candidats défaillants de régulariser leur candidature. Désormais, la personne responsable du marché, en charge d'ouvrir et d'examiner le contenu de la première enveloppe, peut décider, si elle constate que des pièces dont la production est réclamée sont absentes ou incomplètes, de « demander à tous les candidats concernés de produire ou de compléter ces pièces dans un délai identique pour tous les candidats et qui ne saurait être supérieur à 10 jours » (CMP, art. 52, al. 1).

Une lecture littérale de cette dernière disposition du CMP semble indiquer que la personne responsable du marché n'est pas tenue d'inviter les candidats à régulariser leurs candidatures incomplètes. Il ne semble s'agir que d'une faculté offerte à l'acheteur public par la nouvelle rédaction de l'article 52 du CMP. Toutefois, si l'acheteur public décide d'utiliser cet élément de souplesse introduit par la nouvelle réglementation, le principe d'égalité de traitement oblige la personne responsable du marché à inviter l'ensemble des candidats concernés à régulariser leur candidature dans un même délai qui ne peut être supérieur à dix jours.

En cas de candidatures incomplètes, la commission d'appel d'offres ne peut donc plus déclarer irrecevables ces dernières candidatures que dans deux hypothèses. La première hypothèse concerne les candidatures qui demeurent incomplètes à l'issue du « délai de régularisation » offert par la personne responsable du marché. Le second cas correspond à l'hypothèse où la personne responsable du marché n'a pas voulu utiliser la faculté que lui offre l'article 52 du CMP en invitant les candidats ayant déposé une candidature incomplète à régulariser leur candidature. Dans cette hypothèse, la commission d'appel d'offres est tenue de considérer comme irrecevable l'ensemble des candidatures incomplètes.

Les garanties insuffisantes

Une fois écartées les candidatures irrecevables, la commission d'appel d'offres doit rejeter les candidatures qui « ne présentent pas des garanties techniques et financières suffisantes » (CMP, art. 52, al. 2). Il s'agit pour la CAO d'opérer une appréciation subjective des garanties présentées par chacun des candidats et d'exiger un « niveau » de garantie en deçà duquel le candidat n'est pas admis à déposer une offre. Cette appréciation est librement opérée par l'acheteur public. Toutefois, le juge administratif contrôle que le niveau de garanties exigé par l'acheteur public est proportionné à l'objet du marché et sanctionne ainsi les erreurs manifestes d'appréciation commises par l'acheteur public dans l'évaluation des garanties des candidats. À titre d'illustration, le tribunal administratif de Cergy-Pontoise a admis que l'exigence d'un chiffre d'affaires annuel supérieur à 1,5 million de francs n'est pas disproportionnée eu égard, dans cette espèce, à l'importance et à la complexité des travaux à réaliser (TA Cergy-Pontoise 23 janvier 2001, Préfet de la Seine-Saint-Denis, req. n° 99.10122/3, *BJCP* 2001, p. 357). À l'inverse, est censurée une procédure d'appel d'offres dans laquelle l'acheteur public exigeait un chiffre d'affaires annuel inférieur à 300 millions de francs eu égard aux interventions de petite importance et de nature délicate relevant du marché (TA Cergy-Pontoise 23 janvier 2001, Préfet de la Seine-Saint-Denis, req. n° 99.10123/3, *Contrats marchés publ.* 2001 n° 202, obs. F. Olivier). Le contrôle du juge administratif ne se limite pas à la censure de l'erreur manifeste d'appréciation. Il examine, notamment, le respect par l'autorité compétente des critères annoncés ou encore l'exactitude matérielle des faits ayant entraîné l'élimination (CE 10 février 1997, Sté Révillon, *Lebon*, p. 927 ; *AJDA* 1997, p. 714, obs. Michon).

Il est à noter qu'une CAO peut légalement prendre en compte des manquements caractérisés d'une entreprise lors de l'exécution d'un marché antérieur dont elle était titulaire pour apprécier les capacités de cette entreprise à l'obtention d'un nouveau marché, et ce, alors même que l'entreprise a produit à l'appui de son offre l'ensemble des certificats et documents requis par le règlement de consultation (CAA Paris 5 décembre 2002, M. Pezzino c/Ugap, req. n° 99.2224, *BJCP* 2003, p. 242).

Particularité de l'appel d'offres restreint

En procédure d'appel d'offres restreint, l'acheteur public peut décider de limiter le nombre de candidats admis à déposer une offre. Dans ce cas, l'avis d'appel public à la concurrence doit fixer « un nombre minimum, qui ne peut être inférieur à 5, et un nombre maximum de candidats autorisés à présenter une offre » (CMP, art. 60 § I).

Si le nombre de candidatures acceptables est supérieur au nombre maximum fixé dans l'avis d'appel public à concurrence, l'acheteur public est alors tenu de sélectionner lesdites candidatures au terme d'un classement « prenant en compte les garanties techniques et financières ainsi que les références professionnelles des candidats » (CMP, art. 52, 3°). Ce classement est opéré en fonction des critères de sélection des candidatures mentionnés dans l'avis d'appel public à la concurrence.

Candidatures des groupements

La candidature des groupements momentanés d'entreprises a soulevé, en termes de recevabilité de leur candidature, des interrogations juridiques. Le juge administratif a eu tendance à adopter une position assez rigoureuse en considérant que la candidature d'un groupement momentané d'entreprises est recevable dès lors que chacune des entreprises composant ledit groupement présentait individuellement une candidature recevable. Concrètement, chacune des entreprises composant le groupement devait avoir les capacités suffisantes pour exécuter la totalité du marché, bien que ladite entreprise ne soit appelée, en principe, à n'exécuter qu'une partie dudit marché. Ce principe trouvait à s'appliquer à tous les groupements momentanés d'entreprises qu'ils soient conjoints (CE 9 décembre 1987, Chambre d'agriculture des Deux-Sèvres, *Lebon*, p. 403 ; *MTP* 15 avril 1988, p. 59) ou solidaires (CAA Paris, Préfet de la Seine-Saint-Denis c/Commune de Pantin, *Contrats marchés publ.* 2001 n° 117, obs. Llorens).

Le CMP 2004 a mis fin à cette jurisprudence afin de faciliter la recevabilité des candidatures déposées par les groupements d'entreprises. Désormais, en application du 5e alinéa de l'article 52 du CMP, « en cas de groupement, l'appréciation des capacités professionnelles, techniques et financières des membres est globale. Il n'est pas exigé que chaque entreprise ait la totalité des compétences techniques pour l'exécution du marché ».

Candidats faisant appel à des sous-traitants

La question de la prise en compte, au moment de l'analyse des candidatures, des capacités des sous-traitants officiellement déclarés par les candidats est également réglée par le CMP 2004. Le second alinéa de l'article 45, 1° du CMP autorise désormais les candidats à justifier de leur capacité à exécuter le marché en se prévalant des capacités professionnelles, techniques et financières d'un ou de plusieurs sous-traitants. Dans ce cas, le candidat ayant recours aux sous-traitants doit « justifier des capacités de ce ou ces sous-traitants et du fait qu'il en dispose pour l'exécution du marché ».

Candidatures particulières

Les personnes publiques peuvent se porter candidates à l'attribution d'un marché public dès lors que la prestation objet du marché rentre dans le champ de leur compétence. Ce principe a été clairement énoncé par le Conseil d'État dans un avis du 8 novembre 2000 (CE avis 8 novembre 2000, Sté Jean-Louis Bernard Consultants, req. n° 222.208, *BJCP* 2001, p. 105, concl. Bergeal). Afin d'assurer le respect du principe de la liberté de la concurrence, l'offre déposée par la personne publique est toutefois soumise à un contrôle particulier (voir 3.5.2, offre déposée par une personne publique).

Un organisme public ou privé bénéficiant de subventions est également recevable à se porter candidat à l'attribution d'un marché public que souhaite conclure la personne publique qui lui verse lesdites subventions. Le principe d'égalité de traitement des candidats impose simplement à l'acheteur public de lancer la procédure de mise en concurrence adéquate avant de procéder à la signature dudit marché (CJCE 7 décembre 2000, Arage Gewasserschutz c/Bundesministerium für Land- und Forstwirtschaft, aff. C-94/99, *BJCP* 2001, p. 121).

Intégration d'entreprises n'ayant pas fait acte de candidature

La procédure très formalisée qui encadre désormais les appels d'offres ouverts et restreints semble interdire aux acheteurs publics d'inviter des entreprises à faire acte de candidature alors qu'elles n'ont pas répondu à l'appel de candidatures.

Sélection des candidats admis à déposer une offre

Après examen des candidatures, la commission d'appel d'offres va sélectionner les candidats admis à déposer une offre. Les règles pour opérer cette sélection sont sensiblement différentes selon que la procédure d'appel d'offres présente une nature ouverte ou restreinte. Quelle que soit la nature de la procédure d'appel d'offres, l'acheteur public est tenu d'informer les candidats non retenus du rejet de leur candidature.

Décision de sélection des candidatures

En procédure d'appel d'offres ouvert, les entreprises ont déposé, en même temps, leur candidature et leur offre. La CAO dispose donc, au moment où elle procède à la sélection des candidats admis à déposer une offre, des candidatures et des offres de chacun des candidats. Le formalisme encadrant la décision de sélection des candidats admis à présenter une offre est donc plus important. Afin de respecter la confidentialité des offres, la commission d'appel d'offres est tenue d'éliminer, sans ouvrir l'enveloppe contenant l'offre, les candidatures irrecevables ou ne présentant pas les capacités suffisantes (CMP, art. 58 § II, 2°). L'acheteur public doit ainsi retourner aux candidats évincés l'enveloppe non décachetée contenant leurs offres.

Ce formalisme ne trouve pas à s'appliquer en procédure d'appel d'offres restreint puisque les candidats n'ont pas encore, au stade de la candidature, déposé d'offre. En procédure restreinte, la CAO, après avoir procédé à l'examen des candidatures, dresse simplement la liste des candidats autorisés à présenter une offre. Il est à noter que le nombre de candidats admis à présenter une offre ne peut être inférieur à 5, sauf si le nombre de candidats n'est pas suffisant (CMP, art. 61 § II, 2°).

Information des candidats non retenus

L'article 76 du CMP oblige la personne publique, une fois que la CAO a dressé la liste des candidats retenus, d'aviser tous les autres candidats du rejet de leurs candidatures. Dans les quinze jours qui suivent la réception de la demande écrite de l'intéressé, la personne publique doit, en outre, communiquer à ce dernier les motifs de rejet de sa candidature (CMP, art. 77).

3.5 Le choix de l'offre

Une fois sélectionnés les candidats admis à présenter une offre, l'acheteur public peut procéder à l'analyse et à la comparaison des offres afin de désigner le futur titulaire du marché. Il doit opter pour le candidat ayant déposé « l'offre économiquement la plus avantageuse ». Le choix opéré par l'acheteur public est soumis à une double contrainte. Il doit, en premier lieu, être effectué sur le fondement de critères transparents et objectifs. La désignation du candidat retenu est, en second lieu, effectuée à l'issue d'une procédure garantissant l'égal accès des candidats à la commande publique.

3.5.1 Critères de choix de l'offre

Reprenant une terminologie communautaire, le CMP oblige les collectivités publiques à attribuer le marché au candidat ayant déposé « l'offre économiquement la plus avantageuse ». Selon le deuxième alinéa de l'article 1er du CMP, ce choix doit permettre de rendre efficace la commande publique et d'assurer une bonne utilisation des deniers publics. En exigeant que l'acheteur public opte pour « l'offre économiquement la plus avantageuse », le CMP souhaite ainsi éviter que les collectivités publiques retiennent, de manière quasi automatique, le candidat ayant déposé l'offre contenant le prix le plus bas. Il s'agit de privilégier le « mieux-disant » par rapport au « moins-disant ». Le choix de « l'offre économiquement la plus avantageuse » suppose que les offres soient examinées par rapport à plusieurs critères objectifs et que soit finalement retenue l'offre qui répond le mieux, dans sa globalité, à l'ensemble de ces critères. La sélection de « l'offre économiquement la plus avantageuse » est, par conséquent, directement conditionnée par les critères de choix retenus par la personne publique concernée. Ils doivent être annoncés et hiérarchisés dans l'avis d'appel public à la concurrence ou dans le règlement de consultation (CMP, art. 53 § II, al. 4). Il est vivement conseillé de les indiquer dès la publication de l'avis de publicité, puisque les modèlesstandardisés de publicité issus des directives communautaires considèrent que cette mention est obligatoire (voir 3.1.2).

Critères prévus par le code des marchés publics

Le CMP 2004 a étendu la liste des critères de choix afin d'intégrer en droit national des critères d'origine communautaire. Cette liste présente un caractère indicatif et n'est pas limitative.

Pour choisir l'offre économiquement la plus avantageuse, l'acheteur public peut désormais se fonder notamment sur « le coût d'utilisation, la valeur technique de l'offre, son caractère innovant, ses performances en matière de protection de l'environnement, le délai d'exécution, les qualités esthétiques et fonctionnelles, le service après-vente et l'assistance technique, la date et le délai d'exécution, le prix des prestations » (CMP, art. 53 § II).

Cette liste non limitative des critères de choix des offres, telle que modifiée par le CMP 2004, appelle trois observations particulières.

Tout d'abord, l'article 53 § II du CMP dispose désormais que « pour attribuer le marché au candidat qui a présenté l'offre économiquement la plus avantageuse, la personne publique se fonde sur divers critères variables selon l'objet du marché », dont notamment les critères préalablement exposés. L'utilisation de l'expression « divers critères » tend à laisser penser que l'acheteur public est désormais tenu de définir, pour le moins, deux critères de choix des offres. La sélection du futur titulaire du marché ne peut pas être opérée en fonction d'un seul critère. Ce principe de pluralité des critères de choix ne connaît qu'une exemption. L'objet du marché peut, en effet, justifier que la personne publique ne retienne qu'un seul critère de choix. Dans ce cas, ce critère unique de choix des offres est le prix (CMP, art. 53 § II, al. 3). Le lancement d'une telle procédure d'appel d'offres où le candidat est retenu sur le seul critère du prix ne peut présenter qu'un caractère dérogatoire. Cette hypothèse dérogatoire doit couvrir essentiellement les hypothèses de marchés d'achats de fournitures courantes dont l'objet de ce marché justifie que « l'offre économiquement la plus avantageuse » corresponde à l'offre présentant le prix le plus bas.

Ensuite, s'inspirant sur ce point du droit communautaire (CJCE 17 septembre 2002, Concordia Bus Finland Oy Ab, aff. C-513/99, concl. Jean Mischo, *BJCP* 2003, p. 14), le CMP 2004 admet que les performances des candidats en matière de protection de l'environnement peuvent constituer un critère de sélection des offres. Les exigences environnementales peuvent désormais constituer un critère de sélection des candidatures (CMP, art. 45, 1°), un critère de sélection des offres (CMP, art. 53 § II) et des conditions d'exécution du marché définies dans les cahiers des charges (CMP, art. 14). Si l'objet du marché le justifie, l'acheteur public peut donc, tout à la fois, sélectionner les candidats admis à déposer une offre en prenant en compte « leur savoir-faire en matière d'environnement », et choisir le titulaire du marché en examinant ses « performances en matière de protection de l'environnement ». En outre, le candidat finalement retenu pourra se voir contraint de respecter, dans le cadre de l'exécution du marché public, des normes contractuelles assez strictes tendant à protéger l'environnement. Les considérations environnementales font, avec le CMP 2004, une entrée assez remarquée dans le droit des marchés publics.

Afin de favoriser l'expression de la créativité des candidats, le CMP 2004 range dans la liste « officielle » des critères de choix figurant à l'article 53 § II du CMP, « le caractère innovant de l'offre », ce qui constitue une nouveauté par rapport à la précédente réglementation.

Recours à d'autres critères

La personne publique peut décider de prendre en compte d'autres critères de choix (CMP, art. 53 § II, 2°).

Bien entendu, ces critères supplémentaires ne doivent pas présenter un caractère discriminatoire. Le CMP exige, à ce titre, qu'ils soient « justifiés par l'objet du marché » (CMP, art. 53 § II, 2°). C'est ainsi, à titre d'illustration, que l'acheteur public peut prévoir comme critère d'attribution d'un marché de travaux, la propreté du chantier. Par contre, présente un caractère discriminatoire le critère tiré du chiffre d'affaires des candidats (CE 13 mai 1987, Sté Wanner Isofi Isolation, *Lebon*, p. 171). Par ailleurs, les critères supplémentaires doivent permettre l'analyse et la comparaison des offres déposées par les entreprises. À ce titre, ils ne peuvent pas porter sur les capacités des entreprises, puisque lesdites capacités ont été préalablement examinées lors de la phase de sélection des candidatures. À titre d'illustration, un acheteur public ne peut considérer comme critère de choix des offres, les garanties financières des candidats, dans la mesure où un tel critère constitue un critère de sélection des candidatures.

Deux critères supplémentaires soulèvent, aujourd'hui, des débats juridiques. Il s'agit des critères liés à la proximité géographique de l'entreprise et au « mieux-disant social ».

Proximité géographique de l'entreprise

Par un souci plus ou moins marqué de « protectionnisme local », l'acheteur public peut envisager de prévoir des critères de choix favorisant les entreprises locales (lieu d'implantation de l'entreprise, délai d'intervention, utilisation de fournitures ou de produits locaux...). Le juge administratif sanctionne ces critères dès lors qu'ils ne sont pas énoncés dans les documents de mise en concurrence et qu'ils ne sont pas justifiés par l'objet du marché. Ainsi, la nécessité de favoriser l'emploi local et d'équilibrer les finances locales par l'acquittement de la taxe professionnelle ne justifie pas l'insertion d'un critère de choix lié à la nécessité que l'entreprise attributaire soit implantée dans le territoire de la commune (CE 29 juillet 1994, Commune de Ventenac-en-Minervois, *Lebon*, p. 1035). De même, une collectivité publique ne peut pas justifier le choix de l'entreprise retenue en insistant sur le fait que cette dernière « avait une bonne connaissance des lieux » (TA Rennes 5 avril 1995, Préfet du Morbihan c/Syndicat intercommunal de Rochefort-en-Terre, req. n° 94.2005, *Droit des marchés publics* 430.2, 3°, dir. C. Bréchon-Moulènes, Éditions du Moniteur). Les collectivités publiques ne peuvent faire usage du critère de proximité géographique de l'entreprise que de manière exceptionnelle, dès lors que l'objet du marché exige que le prestataire soit proche géographiquement ou qu'il dispose de moyens de déplacements extrêmement rapides (fournitures de carburants, services ambulanciers...).

Mieux-disant social

La possibilité pour l'acheteur public d'insérer un critère additionnel de choix résidant dans l'obligation pour le titulaire de mettre en œuvre des actions spécifiques en faveur de l'emploi, d'insertion professionnelle, ou de lutte contre l'exclusion est largement débattue.

Les juridictions nationales apportent à cette interrogation une réponse restrictive en considérant que le recours au critère additionnel du « mieux-disant social » n'est pas, dans les espèces soumises au juge, justifié par l'objet des marchés. Dans un jugement fort remarqué, le tribunal administratif de Strasbourg a ainsi censuré une procédure de mise en concurrence au motif qu'en l'espèce « le marché de nettoyage et de balayage n'impliquait, en lui-même, ni par son objet, ni par ses conditions d'exécution, que le critère d'insertion sociale soit imposé en tant que critère additionnel aux entreprises soumissionnaires » (TA Strasbourg 30 novembre 1999, Préfet du Bas-Rhin c/Communauté urbaine de Strasbourg, *MTP* 24 décembre 1999, suppl. TO p. 323, concl. P. Devillers). Dans la lignée de cette jurisprudence, le Conseil d'État a sanctionné une procédure de passation d'un marché de travaux au motif que le critère de choix relatif « aux propositions concrètes faites par les soumissionnaires en matière de création d'emplois, d'insertion et de formation » était sans rapport avec l'objet du contrat ou ses conditions d'exécution (CE 25 juillet 2001, Commune de Gravelines, req. n° 229.666). Le juge communautaire adopte sur ce point une position plus ouverte. Dans un arrêt du 26 septembre 2000, la CJCE a précisé que l'insertion d'un critère d'attribution reposant sur des considérations sociales est légale, dès lors que ce critère est prévu dans l'avis de publicité et qu'il ne présente pas un caractère discriminatoire (CJCE 26 septembre 2000, Commission c/République française, aff. C-225/98, *Rec. CJCE* I, p. 7445 ; *BJCP* n° 14/2000, p. 13, concl. S. Alber, obs. R. Schwartz).

Le CMP 2004 n'a pas modifié, sur ce point, la position médiane retenue par le CMP 2001. L'acheteur public ne peut toujours pas faire des préoccupations sociales un critère d'attribution. Ces dernières ne peuvent être prises en compte qu'en tant que condition d'exécution du marché (CMP, art. 14). Concrètement, la collectivité publique ne peut pas, du moins explicitement, juger les offres en fonction de critères sociaux. Par contre, la personne publique peut exiger du candidat retenu le respect de considérations sociales prédéterminées dans les cahiers des charges (obligation de création d'emplois, mise en œuvre d'actions d'insertion...). Toutefois, le second alinéa de l'article 14 rappelle sans surprise que les exigences sociales définies dans le cahier des charges ne doivent pas présenter un caractère discriminatoire. Ces dernières exigences ne doivent donc pas avoir pour effet de favoriser les entreprises locales ou les sociétés présentant une certaine taille.

Choix et classement des critères

Dès lors qu'ils sont justifiés par l'objet du contrat, la personne publique détermine de manière discrétionnaire les critères de choix qu'elle entend utiliser pour sélectionner « l'offre économiquement la plus avantageuse ». Ces critères sont indiqués dans l'avis d'appel public à la concurrence ou dans le règlement de consultation (CMP, art. 53 § II, 4°). Il est vivement conseillé de définir les critères de choix des offres dans l'avis d'appel public à la concurrence puisque le droit communautaire exige qu'une telle indication figure obligatoirement dans les avis de publicité (voir 3.1.2). Ces critères sont pondérés ou à défaut hiérarchisés. La pondération des critères de choix consiste à affecter à chacun de ces critères un pourcentage ou un coefficient particulier. La pondération ou la hiérarchisation des critères de choix opérée par l'acheteur public doit apparaître dans l'avis d'appel public à la concurrence. Le juge administratif veille à ce que l'acheteur public examine l'ensemble des offres par rapport à la totalité des critères annoncés et à ce que cet examen s'effectue dans le respect de la pondération ou de la hiérarchisation des critères annoncées. C'est ainsi qu'une commission d'appel d'offres commet une erreur de droit en s'abstenant d'apprécier l'ensemble des caractéristiques des diverses offres en fonction de la totalité des critères énoncés (CE 26 septembre 1994, Commune de Lattes et Sté Pierres et portails du Midi, req. n° 141.975, *RDI* 1995, p. 97, obs. F. Llorens et P. Terneyre).

3.5.2 Procédure d'examen et de sélection des offres

Les procédures restreintes et ouvertes obéissent, en matière d'examen et de sélection des offres, aux mêmes règles. La seule différence réside dans l'obligation, en procédure restreinte, d'adresser aux candidats retenus une lettre de consultation les invitant à déposer une offre.

Lettre de consultation (procédure restreinte)

Le quatrième alinéa de l'article 33 du CMP rappelle que « l'appel d'offres est dit restreint lorsque seuls peuvent remettre des offres les candidats qui y ont été autorisés après sélection ». Dans le cadre de la procédure restreinte, la procédure de sélection des candidatures est totalement indépendante de la phase de sélection des offres. Concrètement, lors d'une procédure d'appel d'offres restreint, les candidats déposent dans un premier temps uniquement un dossier de candidature. La CAO examine ces dossiers et sélectionne les candidats admis à déposer une offre. Seuls les candidats présélectionnés sont ainsi invités à déposer une offre. La lettre de consultation a pour objet d'informer les candidats retenus de leur sélection et de leur fournir les informations leur permettant de déposer une offre.

La lettre de consultation doit être envoyée de manière simultanée à l'ensemble des candidats retenus et dans un délai raisonnable à compter de la décision de la CAO arrêtant la liste des candidats sélectionnés. L'article 62 § I du CMP indique que la lettre de consultation doit comporter, au minimum, trois informations. Tout d'abord, elle doit mentionner la date limite de réception des offres et les modalités de leur envoi (adresse et langue de rédaction). Ensuite, elle doit comporter la référence à l'avis d'appel public à la concurrence. Enfin, si les documents de consultation ne sont pas envoyés simultanément avec la lettre de consultation, cette dernière indique l'adresse du service auprès duquel on peut les obtenir.

Élimination des offres irrecevables

La CAO doit, tout d'abord, écarter les offres irrecevables. L'irrecevabilité d'une offre peut résulter de plusieurs situations.

Offre mal établie

L'article 48 du CMP exige que les offres déposées par les candidats soient présentées sous la forme d'un acte d'engagement établi en un seul original. Par conséquent, pour être recevable, l'offre du candidat doit contenir un acte d'engagement régulièrement établi (CE 3 novembre 1997, Préfet de la Marne c/Commune de Francheville, *Lebon*, p. 411 ; *MP* n° 5/97, p. 28). À ce titre, l'acte d'engagement doit être correctement rempli par le candidat et signé par son représentant dûment habilité.

L'acheteur public peut exiger, dans les documents de consultation, que l'offre comprenne d'autres documents. Il peut s'agir, à titre d'illustration, d'un devis descriptif et estimatif détaillé permettant à la personne publique d'apprécier les propositions de prix, ou la production d'échantillons de produits (CMP, art. 49), ou encore l'établissement d'une note technique décrivant le processus envisagé par le candidat pour exécuter la prestation de services demandée.

Le non-respect de ces règles d'établissement des offres peut conduire la CAO à rejeter l'offre du candidat concerné à raison de son irrecevabilité.

Offre mal présentée

À l'instar de la remise des candidatures, le dépôt des offres par les entreprises intéressées est soumis par le CMP et par le règlement de consultation à des règles de forme et à des délais impératifs. Les offres qui n'ont pas été reçues au plus tard à la date limite annoncée dans l'avis d'appel public à la concurrence (en procédure ouverte) ou dans la lettre de consultation (en procédure restreinte) sont irrecevables et ne peuvent pas être ouvertes et analysées par la commission d'appel d'offres. En outre, les candidats doivent garantir la confidentialité de leurs offres. À ce titre, ils doivent respecter les modalités de transmission définies par l'acheteur dans les documents de consultation. Les offres ne respectant pas ces modalités de transmission (enveloppe non cachetée, par exemple) ne seront pas analysées par la CAO.

Offre non conforme

Après vérification de leur recevabilité, la phase d'examen et de sélection des offres suppose l'élimination des offres non conformes à l'objet du marché (CMP, art. 53 § I). Au niveau local, la décision d'élimination relève de la compétence de la CAO (CMP, art. 58 § III et 63 § III). Il s'agit d'une véritable obligation pour l'acheteur public. Le respect du principe d'égalité de traitement des candidats suppose, en effet, que soit écarté l'ensemble des offres contraires à l'objet du marché (CE 3 juillet 1968, Lavigne, *Lebon*, p. 1000). Les offres irrecevables que l'acheteur public est tenu d'éliminer correspondent essentiellement aux offres qui ne respectent pas des dispositions importantes des documents de consultation. Il peut s'agir du non-respect de l'allotissement préétabli du marché (CE 1er avril 1998, Département de Seine-et-Marne, req. n° 157.602, *BJCP* 1998, p. 98) ou encore de l'absence de prise en compte du caractère conditionnel de certaines tranches de travaux (TA Rennes 19 janvier 1994, Préfet du Morbihan c/Commune de Vannes, *MP* juin-juillet 1994 n° 282, p. 28, obs. F. M.). De même, est irrecevable une offre qui prévoit des réserves, alors que le cahier des charges imposait expressément l'absence de toute réserve (CE 24 décembre 1926, SA L'Entreprise de l'Est, *Lebon*, p. 1172). En revanche, « une offre ne peut être rejetée pour la seule raison qu'elle a été établie avec des spécifications techniques différentes des normes applicables en France » (CMP, art. 53 § IV), sauf si le recours à des spécifications techniques nationales est justifié par les nécessités du service (CE 3 novembre 1995, District de l'agglomération nancéienne, req. n° 142.484, *AJDA* 1995, p. 946, obs. J.-H. Stahl et D. Chauvaux).

Classement des offres

Une fois les offres non conformes éliminées, la CAO doit analyser et comparer l'ensemble des offres. L'analyse et la comparaison des offres recevables doivent être opérées au regard de l'ensemble des critères de sélection des offres. Cette analyse doit conduire la CAO à opérer un classement des offres. L'article 53 § III du CMP dispose, en effet, que les offres « sont classées par ordre décroissant. L'offre la mieux classée est retenue ». Le classement ainsi opéré par la CAO ne présente qu'un caractère provisoire, dans la mesure où il est conditionné à la production par le candidat le mieux classé, d'une part, des attestations administratives démontrant la régularité de sa situation fiscale et sociale, et, d'autre part, des pièces mentionnées à l'article R. 324-4 du code du travail (voir 3.4.1, certificats sociaux et fiscaux ainsi que les pièces visées à l'article R. 324-4 du code du travail). Si le candidat le mieux classé ne les produit pas dans le délai imparti par l'acheteur public, la collectivité est tenue de rejeter son offre et d'adresser une demande identique au candidat classé second par la CAO (CMP, art. 53 § III, 2°).

L'examen et le classement des offres peut se heurter à des difficultés particulières liées à la présence de variantes d'offres anormalement basses, d'hypothèses d'équivalences de plusieurs offres ou d'offres déposées par une collectivité publique, étudiées ci-après.

Variantes

L'article 50 du CMP permet aux candidats, sous certaines conditions, de proposer des « offres variantes » par rapport aux spécifications des cahiers des charges. Les variantes constituent des modifications, proposées par les candidats, de certaines spécifications des prestations décrites dans le cahier des charges ou plus généralement dans le dossier de consultation. Les variantes peuvent présenter des natures fort diverses. Le plus souvent, elles présentent une nature technique (solution technique différente), financière ou fonctionnelle (nombre ou qualité des intervenants, calendrier d'exécution…).

La réglementation nationale, encouragée dans cette voie par le droit communautaire, essaie de favoriser le dépôt par les candidats de variantes, puisque ce procédé peut stimuler la mise en concurrence en permettant à l'acheteur public de bénéficier de propositions techniques plus performantes ou de propositions financières plus intéressantes. Dans cette optique, l'article 50 du CMP pose en principe que les candidats ont la possibilité, sauf disposition expresse contraire dans l'avis de publicité, de proposer des variantes à l'offre de base conçue par l'acheteur public.

Cette possibilité est toutefois triplement encadrée. Tout d'abord, l'acheteur public demeure libre d'interdire, pour un marché déterminé, le dépôt par les candidats d'offres comportant des variantes. Dans cette hypothèse, la personne publique doit indiquer cette interdiction de principe dans l'avis d'appel public à la concurrence. Ensuite, à défaut d'interdiction de principe, l'acheteur public peut limiter la nature des variantes susceptibles d'être déposées par les candidats. Pour ce faire, la personne publique doit indiquer dans le règlement de consultation les spécifications des cahiers des charges qui constituent des exigences minimales à respecter, c'est-à-dire concrètement indiquer les spécifications qui ne peuvent pas faire l'objet de variantes. Enfin, la recevabilité d'une variante suppose que le candidat ait également déposé une offre de base.

Les offres variantes doivent être examinées et étudiées par rapport aux critères de choix énoncés dans l'avis de publicité et qui trouvent également à s'appliquer à l'examen des offres de base. Lorsque les candidats ont déposé des variantes, « la personne publique doit examiner les offres de base puis les variantes, avant de choisir une offre » (CMP, art. 53 § V). Pour ce faire, l'instruction d'application du CMP 2001, aujourd'hui abrogée, recommandait un procédé d'analyse des offres assez pragmatique, qui demeure d'actualité. Dans un premier temps, la personne publique compare, d'une part, les offres de base et, d'autre part, les variantes. L'offre économiquement la plus avantageuse est, dans un deuxième temps, déterminée par comparaison entre l'offre de base la mieux classée et la variante la plus intéressante (instruction du 28 août 2001 pour l'application du code des marchés publics prise en application du décret n° 2001-210 du 7 mars 2001, *JO* 8 septembre).

Offres anormalement basses

L'article 55 du CMP ne fournit pas de définition de l'offre anormalement basse. La notion demeure éminemment subjective, puisqu'une offre est considérée comme anormalement basse lorsqu'elle ne correspond pas à la réalité économique. Pour apprécier si l'offre correspond à la réalité économique, le CMP invite l'acheteur public à prendre en compte un certain nombre d'éléments : le mode de fabrication des produits, les modalités de la prestation de services, les procédés de construction, le caractère exceptionnellement favorable des conditions d'exécution dont bénéficie le candidat, ou l'originalité du projet (CMP, art. 55, 2°). Concrètement, pour apprécier si l'offre correspond à la réalité économique, la collectivité publique ne doit pas se limiter à une analyse strictement arithmétique, mais doit apprécier si le prix proposé par le candidat est compatible avec une exécution correcte du marché.

Le CMP oblige l'acheteur public à se livrer à cette analyse avant de rejeter ou d'admettre une offre anormalement basse. Cette analyse relève, au niveau local, de la compétence de la commission d'appel d'offres. L'élimination des offres anormalement basses n'est donc pas automatique. Lorsque la CAO détecte une telle offre, elle est tenue de demander, par écrit, à l'entreprise ayant déposé cette offre, de fournir l'ensemble des précisions que la commission estime opportun.

Après réception de ces éléments, la CAO doit vérifier les justifications fournies par l'entreprise. Si les justifications fournies par l'entreprise n'ont pas été convaincantes, la CAO est en droit de rejeter l'offre en raison de son caractère anormalement bas. Dans cette hypothèse, la décision de la CAO doit être motivée (CMP, art. 55).

Équivalence des offres

L'hypothèse de l'équivalence entre plusieurs offres ne peut être qu'exceptionnelle, puisque le CMP 2004 a consacré le principe de l'attribution du marché au candidat ayant déposé l'offre la « mieux-disante ». Confronté à cette hypothèse exceptionnelle, l'acheteur public peut faire usage du système préférentiel prévu à l'article 54 § I du CMP en attribuant, de préférence, le marché à l'offre présentée par les sociétés coopératives ouvrières de production (SCOP), les groupements de producteurs agricoles (GPA), les artisans, les coopératives d'artisans, les sociétés coopératives d'artistes ou les ateliers protégés. En outre, la personne publique peut prévoir, préalablement à la mise en concurrence, qu'un quart des prestations sera attribué, en cas d'équivalence des offres, aux artisans, aux sociétés d'artisans, aux SCOP, ou à des ateliers protégés (CMP, art. 54 § II). Enfin, le système préférentiel s'applique, dans la proportion de la moitié du montant des travaux, au profit des artisans d'art et des sociétés coopératives d'artistes lorsque ces travaux présentent, en tout ou en partie, un caractère artistique (CMP, art. 54 § III).

Offre déposée par une personne publique

Les personnes publiques peuvent se porter candidates à l'attribution d'un marché public dès lors que la prestation objet du marché rentre dans le champ de leur compétence (CE avis 8 novembre 2000, Sté Jean-Louis Bernard Consultants, req. n° 222.208, *BJCP* 2001, p. 105 concl. Bergeal). Toutefois, la participation de la personne publique ne doit pas fausser le principe de la liberté de la concurrence. Dans ces conditions, l'acheteur public doit porter une attention toute particulière au prix proposé par une personne publique candidate à l'attribution du marché. Sous peine de méconnaître le principe de liberté de la concurrence, l'offre déposée par une personne publique ne peut être retenue que si le prix qu'elle propose est déterminé en prenant en compte l'ensemble des coûts directs et indirects concourant à la formation du prix de la prestation. En outre, le respect du principe de liberté de concurrence commande que la personne publique candidate n'ait pas disposé, pour déterminer son prix, d'avantages découlant des ressources et moyens qui lui sont attribués au titre de sa mission de service public. En cas de doute, l'acheteur public doit exiger la production par la personne publique candidate de documents comptables ou toutes informations appropriées démontrant « la réalité économique » du prix proposé (pour une illustration de mise en œuvre de ces principes, TA Dijon 20 février 2003, Sté Jean-Louis Bertrand Consultants c/District de l'agglomération dijonnaise, req. n° 99-245, *BJCP* 2003, p. 276, concl. Heckel).

3.5.3 Sélection de l'attributaire du marché

Autorité compétente pour attribuer le marché

Au niveau local, la compétence de la CAO est, en matière de sélection des offres, totale et exclusive. Que la procédure d'appel d'offres présente une nature ouverte ou restreinte, la CAO procède à l'ouverture des enveloppes contenant les offres, enregistre leur contenu (CMP, art. 58 § III et 63 § II), élimine les offres non conformes à l'objet du marché, les classe et choisit l'offre économiquement la plus avantageuse (CMP, art. 59 § II et 64 § II).

La décision de choix de la CAO présente un caractère provisoire. À l'issue de l'analyse des offres, la CAO classe les offres par ordre décroissant et attribue le marché à l'offre la mieux classée. Toutefois, si le candidat retenu ne produit pas dans le délai requis par la personne responsable du marché les certificats sociaux et fiscaux attestant de la régularité de sa situation fiscale et sociale et les documents figurant à l'article R. 324-4 du code du travail, son offre est rejetée par la personne responsable du marché (CMP, art. 53 § III). Dans ce cas, la personne responsable du marché présente une demande identique au candidat classé second par la CAO.

La décision d'attribution de la CAO ne vaut pas décision de contracter. Elle ne crée aucun droit à la signature du marché pour le candidat retenu (CE 10 octobre 1984, Cie générale des constructions téléphoniques, req. n° 16.234, *Lebon*, p. 322). La personne responsable du marché demeure libre, en effet, à la suite de la décision d'attribution de la CAO, de renoncer à la procédure d'appel d'offres (CMP, art. 59 § II et 64 § II). Toutefois, si la personne responsable du marché public peut renoncer à la procédure, elle ne peut pas opter pour un autre candidat que celui initialement retenu par la CAO, sauf si le candidat retenu par la CAO n'a pas produit, dans le délai imparti, les documents attestant de la régularité de sa situation sociale et fiscale (voir 3.4.1, certificats sociaux et fiscaux ainsi que les pièces visées à l'article R. 324-4 du code du travail). La compétence de la personne responsable du marché est donc, sur ce point, des plus limitée. Face à la décision d'attribution de la CAO, la personne responsable du marché peut, soit signer le marché avec le candidat retenu par la CAO, soit renoncer à la procédure d'appel d'offres en la déclarant sans suite.

Garanties pour les candidats non retenus

Encouragé dans cette voie par la jurisprudence administrative (TA Paris 1er avril 2003, Sté Sodisfom, req. n° 01-13066/6), le CMP 2004 a considérablement renforcé les droits des candidats non retenus. Le principe demeure identique : à la suite de la désignation du candidat retenu, la personne publique est tenue d'informer tous les autres candidats du rejet de leurs offres.

Toutefois – et c'est sur ce point que se situe la nouveauté – cette information est désormais enfermée dans un délai impératif. La nouvelle rédaction de l'article 76, issue du CMP 2004, précise en effet qu'un délai d'au moins dix jours doit être respecté entre la date à laquelle la décision est notifiée aux candidats dont l'offre n'a pas été retenue et la date de signature du marché. Ce délai minimum de 10 jours doit permettre aux candidats qui s'estimeraient irrégulièrement écartés de déposer devant le président du tribunal administratif compétent une procédure de référé précontractuel afin d'obtenir assez rapidement la suspension de la décision de signature du marché et l'éventuelle annulation de la procédure d'appel d'offres (voir CJA, art. L. 551-1).

En outre, les candidats non retenus peuvent, sur demande écrite, avoir communication des motifs du rejet de leur offre. La personne responsable du marché est tenue de répondre à cette demande dans un délai de quinze jours (CMP, art. 77).

3.5.4 Procédure infructueuse ou déclarée sans suite

Il se peut que, dans certaines hypothèses, la procédure» d'appel d'offres n'aboutisse pas : lorsque la procédure n'a débouché sur aucune offre acceptable pour l'acheteur public ou lorsque la personne publique préfère mettre fin à la procédure pour des motifs d'intérêt général.

Procédure infructueuse

Lorsque les candidats ne déposent aucune offre, ou lorsque les candidats ne déposent que des offres irrecevables ou inacceptables, l'acheteur public est en droit de considérer que la procédure d'appel d'offres est infructueuse (CMP, art. 35 § I, 1°). Si tel est le cas, la personne publique peut, sous certaines conditions, lancer une procédure négociée afin de tenter d'obtenir une offre qui corresponde mieux à ses attentes. La déclaration d'infructuosité et le recours à la souplesse de la procédure négociée sont, bien entendu, encadrés par de nombreuses conditions.

Conditions tenant à la nature des offres

Le CMP prévoit que l'acheteur public peut considérer qu'une procédure d'appel d'offres est infructueuse en cas d'absence d'offres ou en cas d'offres irrecevables ou inacceptables. La première hypothèse de nature objective (absence d'offres) ne soulève pas d'interrogation. La notion « d'offres irrecevables » semble correspondre aux hypothèses où l'offre ne respecte pas les prescriptions posées par l'article 53 du CMP.

Il s'agit des hypothèses d'offres non conformes à l'objet du marché (CMP, art. 53 § I) ; d'offres non accompagnées des certificats fiscaux, sociaux ou des documents prévus à l'article R. 324-4 du code du travail (CMP, art. 53 § III) ; d'offres non conformes aux spécifications techniques (CMP, art. 53 § IV) ou encore d'offres qui ne comportent qu'une solution variante et pas de solution de base (CMP, art. 53 § V).

La notion d'offre inacceptable est empreinte d'une plus grande subjectivité. Sont inacceptables, les offres insatisfaisantes sur le plan économique (offres présentant un prix trop élevé ou trop bas) ou sur le plan technique. L'appréciation du caractère inacceptable relève du pouvoir discrétionnaire de l'acheteur public (CE 9 mars 1960, Massida, *Lebon*, p. 187). Cependant, le juge administratif vérifie si la décision d'infructuosité n'est pas empreinte d'une erreur manifeste d'appréciation. Est ainsi censurée l'attitude de l'acheteur public consistant à définir une estimation prévisionnelle des prix très basse afin de rendre les offres des candidats inacceptables (TA Pau 10 mai 1972, Bonneau, *Lebon*, p. 879 – CE 29 décembre 1997, Préfet de Seine-et-Marne c/Opac de Meaux, *Lebon*, p. 510).

Conditions tenant aux modalités de consultation

Le recours à la procédure négociée, suivant la déclaration d'infructuosité, suppose que les conditions initiales du marché (essentiellement les cahiers des charges) ne soient pas modifiées (CMP, art. 35 § I, 1°). L'acheteur public peut, toutefois, opérer certaines modifications non substantielles du dossier de consultation permettant de combler ses lacunes ou d'adapter certaines de ces dispositions.

Conditions procédurales

Au niveau local, la compétence pour déclarer la procédure d'appel d'offres infructueuse appartient à la commission d'appel d'offres (CMP, art. 59 § II et 64 § II). La personne responsable du marché en avise tous les candidats. À la suite de la déclaration d'infructuosité, la commission d'appel d'offres peut alors décider soit de lancer une nouvelle procédure d'appel d'offres, soit de lancer une procédure négociée (CMP, art. 59 § II et 64 § II). Si la commission opte pour cette seconde solution, le lancement d'une procédure négociée est soumis à deux conditions cumulatives. Tout d'abord, en cas de marché négocié faisant suite à un appel d'offres infructueux, la personne publique ne peut pas modifier entre les deux procédures les conditions initiales du marché. Ensuite, en principe, le recours à la procédure négociée suppose la publication d'un nouvel avis d'appel public à la concurrence. Toutefois, si la personne responsable du marché décide de ne négocier qu'avec les candidats qui avaient été admis, dans le cadre de la procédure d'appel d'offres, à présenter une offre, elle est dispensée de procéder à une nouvelle mesure de publicité (CMP, art. 35 § I, 1°). Il est interdit à l'acheteur public d'inviter des candidats à déposer une offre si ces derniers n'ont pas pris l'initiative de participer à la procédure.

Déclaration sans suite de la procédure pour motif d'intérêt général

La personne publique peut renoncer à la procédure d'appel d'offres pour des motifs d'intérêt général (CMP, art. 59 § II et 64 § II). Les motifs d'intérêt général susceptibles d'être invoqués par l'acheteur public sont de natures fort diverses. Il peut s'agir de la volonté de mettre fin à une procédure entachée d'illégalité ou d'irrégularité (CE 13 janvier 1995, Chambre de commerce et d'industrie de la Vienne, *Lebon*, p. 26 ; JCP 1995, IV, n° 902), ou du constat d'une insuffisance de concurrence, ou encore du souhait de réaliser en régie la prestation objet de la procédure. La personne responsable du marché informe les candidats, dans les plus brefs délais, des motifs qui l'ont conduite à ne pas attribuer le marché (CMP, art. 76).

3.6 L'achèvement de la procédure

L'entrée en vigueur d'un marché public conclu à la suite d'une procédure d'appel d'offres est soumise à un certain nombre de formalités. L'accomplissement de ces formalités constitue les dernières étapes de la procédure d'appel d'offres. Ce n'est qu'à l'issue de ces formalités, que l'attributaire du marché devient titulaire du marché et que l'acte contractuel devient juridiquement exécutoire.

3.6.1 Mise au point et signature du marché

À la suite de la décision de choix de la CAO, la personne publique informe les candidats non retenus du rejet de leur offre (voir 3.5.3) et demande au candidat retenu par la CAO de fournir les attestations fiscales et sociales démontrant la régularité de sa situation sociale et fiscale ainsi que les documents prévus à l'article R. 324-4 du code du travail (voir 3.4.1).

Si ce dernier transmet ces documents dans le délai requis, la personne responsable du marché peut procéder, avec lui, à la mise au point du marché.

Mise au point du marché

Étendue de la mise au point du marché

La mise au point du marché vise à permettre d'adapter l'offre retenue aux prescriptions du cahier des charges. Toutefois, elle ne doit pas aboutir à la mise en place d'une véritable négociation entre l'acheteur public et l'attributaire du marché sous peine de porter atteinte au principe d'intangibilité des offres qui caractérise les procédures d'appel d'offres. Pour ce faire, le CMP limite l'étendue de la mise au point en précisant que cette dernière ne peut pas « remettre en cause les caractéristiques substantielles, notamment financières du marché » (CMP, art. 59 § II et 64 § II). Les modifications engendrées par la mise au point du marché ne peuvent donc pas porter sur des éléments substantiels dudit marché. Elles peuvent concerner les modalités techniques d'exécution (précision des références des produits utilisés), les délais d'exécution (si ces derniers ne constituaient pas un critère de sélection) ou certains éléments du prix (correction d'erreurs).

Quelle que soit la nature de la modification, cette dernière doit rester dans des limites très strictes sous peine d'être requalifiée en négociation. Ainsi que le rappelle le CMP, les modifications introduites par la mise au point ne doivent pas porter atteinte aux conditions de mise en concurrence initiale. En aucun cas, la mise au point ne doit ainsi bouleverser le classement initial des offres.

Régime de la mise au point du marché

La mise au point du marché est effectuée par l'exécutif local et les représentants légaux de la société retenue. Elle est opérée, dans les limites sus-exposées, entre la décision de choix définitive de la CAO (c'est-à-dire après production des pièces exigées par le candidat retenu) et la signature du marché. Elle peut s'inscrire, soit sur l'acte d'engagement lui-même après les signatures de chaque cocontractant, soit sur un document annexé à l'acte d'engagement.

Signature du marché

Une fois l'attributaire choisi et les termes du marché mis au point, la personne publique peut procéder à sa signature. La signature de l'acte d'engagement par l'acheteur public concrétise le consentement des deux parties (CE 10 décembre 1986, Département de la Moselle, *RDP* 1987 p. 1092). Le marché devient « définitif du fait de la signature de l'acte d'engagement par l'autorité compétente de la collectivité » (CE 17 octobre 1990, Commissaire de la République de la Guadeloupe, req. n° 67.719).

3.6.2 Entrée en vigueur du marché

Une fois l'acte d'engagement signé par les parties, l'entrée en vigueur du marché est conditionné par l'accomplissement de deux formalités : sa transmission au contrôle de légalité et sa notification officielle au candidat retenu. En outre, par souci de transparence, l'acheteur public est tenu d'informer les tiers de l'entrée en vigueur du marché par le biais de la publication d'un avis d'attribution.

Transmission du marché au contrôle de légalité

Les marchés publics conclus à la suite d'une procédure d'appel d'offres constituent des actes juridiques soumis à l'obligation de transmission au contrôle de légalité. À ce titre, leur caractère exécutoire est subordonné à leur transmission en préfecture (et à leur notification à l'intéressé).

Cette transmission doit intervenir dans un délai de quinze jours à compter de la signature du marché par la personne responsable du marché (CGCT, art. L. 2131 13). La trans mission doit être complète pour permettre au contrôle de légalité d'exercer pleinement son contrôle. Elle doit ainsi comporter le marché, la liste des pièces annexes visées à l'article R. 2131-1 du CGCT et le rapport de présentation prévu à l'article 75 du CMP.

Le défaut de transmission du marché en préfecture le prive d'effet exécutoire. Faute d'entrée en vigueur, il ne peut pas produire d'effets juridiques. Est donc logiquement illégale la clause d'un contrat qui prévoit un début d'exécution antérieur à la transmission en préfecture dudit contrat (CE 4 février 1991, Ville de Caen, *D.*, 1991, SC p. 375, obs. P. Terneyre).

Notification du marché

L'entrée en vigueur du marché suppose l'accomplissement d'une seconde formalité. À la suite de la transmission en préfecture, le marché doit, en effet, être notifié au titulaire par la personne responsable du marché (CMP, art. 78). La notification « consiste en un envoi du marché signé au titulaire par tout moyen permettant de donner date certaine » (CMP, art. 79, al. 2). Le marché prend effet à cette date (CMP, art. 79, al. 3).

Avis d'attribution

Par souci de transparence, l'article 80 du CMP exige que l'acheteur public publie, à la fin de la procédure de passation, un avis d'attribution. Ce dernier avis doit permettre à l'ensemble des intéressés (essentiellement les candidats non retenus) de prendre connaissance des caractéristiques essentielles du marché conclu et éventuellement d'exercer un recours contentieux. L'ensemble des marchés conclus à la suite d'une procédure d'appel d'offres est soumis à l'obligation de publication d'un avis d'attribution (CMP, art. 80, al. 4). La personne responsable du marché est tenue de l'envoyer à publication dans un délai de trente jours à compter de la notification du marché. Cette publication est opérée dans les mêmes conditions que celles qui ont gouverné la publication des avis d'appel public à la concurrence (CMP, art. 80, al. 2).

À titre d'illustration, un acheteur public est donc tenu de publier un avis d'attribution au *BOAMP* et au *JOUE* dès lors que l'avis d'appel public à la concurrence a fait initialement l'objet d'une publication dans ces deux supports. Le contenu de l'avis d'attribution est également réglementé par un arrêté en date du 30 janvier 2004 (*JO* 5 février).

Cette publicité spécifique à chaque marché est complétée par une publicité annuelle. L'article 138 du CMP 2004 précise, en effet, que chaque collectivité locale est tenue de publier « au cours du premier trimestre de chaque année la liste des marchés conclus l'année précédente ainsi que le nom des attributaires ». Cette publicité annuelle, destinée à favoriser le travail de recensement économique des marchés opéré par les services du ministère de l'économie, des finances et de l'industrie, est établie selon des modalités définies par un arrêté non adopté à ce jour.

4

LA PROCÉDURE ADAPTÉE

Les marchés publics concernés par la procédure adaptée correspondent à l'ensemble des achats publics présentant un montant inférieur aux seuils de mise en concurrence définis à l'article 28 du CMP. Concrètement, sont concernés par cette procédure, au niveau local, les marchés publics (travaux, services ou fournitures) présentant un montant inférieur à 230 000 € HT.

4.1 Principes et régime juridique

4.1.1 Rappel des principes

Pour améliorer l'efficacité économique de l'achat public, la nouvelle réglementation impose la mise en concurrence systématique de l'ensemble des marchés publics. Le principe de mise en concurrence dès le premier euro, prôné par la Commission européenne, est ainsi entériné par le CMP 2004. Le relèvement des seuils de mise en concurrence opéré par la nouvelle réglementation ne doit pas, en effet, être compris comme ayant pour finalité de soustraire les marchés en dessous des seuils à l'application de toute procédure de mise en concurrence. Au contraire, il appartient à l'acheteur public, en dessous des seuils, de définir les formalités de publicité et de mise en concurrence qu'il souhaite mettre en œuvre pour respecter « les principes de liberté d'accès à la commande publique, d'égalité de traitement des candidats et de transparence des procédures » qui gouvernent la passation de tous les marchés publics. C'est dans ces conditions que l'article 28 du CMP oblige les acheteurs publics à soumettre la passation des marchés en dessous des seuils de mise en concurrence à une procédure de publicité et de mise en concurrence préalable, dénommée « procédure adaptée ». Ces marchés obéissent également à un régime juridique particulier.

4.1.2 Régime juridique

Les marchés publics conclus à la suite d'une procédure « adaptée » obéissent à un régime juridique particulier. C'est ainsi qu'ils constituent « les marchés passés sans formalités préalables mentionnés aux articles 9, 10 et 11 de la loi n° 2001-1168 du 11 décembre 2001 » (CMP, art. 28 § I, al. 2). À ce titre, ils ne sont pas soumis à l'obligation de transmission au contrôle de légalité et peuvent faire l'objet, dans les conditions définies par le CGCT, d'une délégation générale consentie par l'assemblée délibérante à l'exécutif local.

En outre, selon l'article 11 du CMP, les marchés conclus à la suite d'une procédure adaptée ne doivent pas obligatoirement présenter un caractère écrit. La sécurité juridique commande, toutefois, de conclure un contrat écrit, pour les achats les plus importants ou pour les achats présentant une certaine spécificité. Les contrats de maîtrise d'œuvre obéissent, sur ce point, à un régime particulier. Le décret n° 93-1268 du 29 novembre 1993 pris en application de la loi « MOP »(15) exige, en effet, que l'ensemble des contrats de maîtrise d'œuvre, quel que soit leur montant, présente un caractère écrit.

4.2 Déroulement de la procédure

Au-dessous des seuils de mise en concurrence, l'acheteur public est tenu de soumettre la passation de ces marchés à une procédure « adaptée » de mise en concurrence et de publicité. L'article 28 § I du CMP précise que les « modalités de publicité et de mise en concurrence sont déterminées par la personne responsable du marché » en fonction de l'objet des caractéristiques de l'achat public envisagé.

Il résulte donc de cette dernière disposition que les modalités de mise en concurrence et de publicité applicables à ces marchés publics ne sont pas librement déterminées par la collectivité publique. L'acheteur public est tenu de les définir en prenant en compte les règles générales posées par le CMP. Ces règles générales sont plus ou moins strictes selon qu'il s'agit des modalités de publicité ou de mise en concurrence.

4.2.1 Respect des obligations de publicité

L'article 40 du CMP rappelle le principe selon lequel « tout marché doit être précédé d'une publicité suffisante permettant une mise en concurrence effective ». Ce principe général trouve à s'appliquer aux marchés publics conclus à la suite d'une procédure adaptée. Les procédures adaptées lancées par les collectivités publiques pour la conclusion des marchés présentant un montant inférieur aux seuils de mise

(15) Décret n° 93-1268 du 29 novembre 1993 relatif aux missions de maîtrise d'œuvre confiées par des maîtres d'ouvrage publics à des prestataires de droit privé – Loi n° 85-704 du 12 juillet 1985 relative à la maîtrise d'ouvrage publique et à ses rapports avec la maîtrise d'œuvre privée.

en concurrence doivent donc obligatoirement être précédées d'une « publicité suffisante ». L'appréciation du caractère « suffisant » d'une mesure de publicité ne relève pas du seul pouvoir discrétionnaire de la personne publique, puisque l'article 40 du CMP encadre les formalités de publicité qui doivent accompagner la passation des marchés publics dont le montant est compris entre 90 000 et 230 000 € HT.

Marchés compris entre 90 000 et 230 000 € HT

Au niveau local, l'article 40 § III et IV du CMP précise que les marchés de fournitures, de services et de travaux présentant un montant compris entre 90 000 et 230 000 € HT doivent faire l'objet d'un avis d'appel public à la concurrence, soit dans le *BOAMP*, soit dans un journal habilité à recevoir des annonces légales. En outre, cette publicité obligatoire peut être complétée par une publicité complémentaire « dans un journal spécialisé correspondant au secteur économique concerné » par l'achat public. La procédure adaptée lancée par les collectivités publiques pour la conclusion de ce type de marché doit donc nécessairement respecter ces règles de publicité posées par l'article 40 du CMP.

Marchés inférieurs à 90 000 € HT

Dans cette hypothèse, le CMP se montre plus souple en se contentant de préciser que « pour les marchés d'un montant inférieur à 90 000 € HT, la personne publique choisit librement les modalités de publicité adaptées au montant et à la nature des travaux, des fournitures ou des services en cause » (CMP, art. 40 § I).

Pour ces marchés, il appartient donc à la personne publique de définir les règles qu'elle s'impose pour assurer une publicité « suffisante » à l'achat public qu'elle envisage de réaliser. Le caractère « suffisant » de la publicité doit s'apprécier par rapport au montant et à la nature du marché public en cause. Les acheteurs publics peuvent ainsi définir différents seuils de mise de concurrence entre 1 et 90 000 € HT, où les formalités de publicité précédant l'achat public vont être plus ou moins formalisées. Ces seuils peuvent, bien entendu, varier selon la nature de la prestation attendue et la personne publique peut se reconnaître la possibilité de ne pas procéder à des formalités de publicité dans des hypothèses exceptionnelles et dérogatoires d'urgence.

▶ CONSEIL PRATIQUE *À titre totalement indicatif, il peut être ainsi prévu qu'entre 1 et 15 000 €, la formalité de publicité est effectuée sur le site internet de la collectivité, ou dans les locaux de la collectivités. Entre 15 000 et 45 000 € HT, l'acheteur public peut envisager de compléter cette publicité par une publicité complémentaire dans un journal local spécialisé dans le domaine concerné. Enfin, lorsque l'achat public envisagé présente un montant compris entre 45 000 et 90 000 € HT, l'acheteur public peut recourir à une publication dans un journal d'annonces légales.*

4.2.2 Respect des obligations de mise en concurrence

La procédure adaptée envisagée par l'acheteur public pour conclure les marchés publics présentant un montant inférieur à 230 000 € HT doit, en second lieu, permettre d'assurer une mise en concurrence effective des candidats et doit permettre à l'acheteur public de retenir, à l'issue de cette mise en concurrence, le candidat ayant présenté l'offre économiquement la plus avantageuse. Le CMP ne précise pas les obligations de mise en concurrence qui trouvent à s'appliquer à ces marchés. Dans ces conditions, l'acheteur public est libre de définir les obligations de mise en concurrence qu'il s'impose pour procéder à la conclusion de ces marchés. La seule limite posée par le CMP est simple. Les règles que s'impose librement l'acheteur public doivent permettre d'assurer une mise en concurrence effective entre les candidats potentiels et d'opter pour l'offre économiquement la plus avantageuse.

Il est donc conseillé à l'acheteur public d'établir une véritable « charte de la commande publique » interne à la collectivité. Cette charte peut avoir pour objet de définir les procédures de mise en concurrence qui s'appliqueront selon la nature et l'objet du marché, ainsi que de détailler les différents éléments et phases de ces procédures (délais de réception des offres, critères de sélection des offres, nécessité ou non de rédiger un cahier des charges, autorité compétente pour sélectionner le candidat retenu, utilisation de la théorie de l'urgence...).

Concernant plus spécifiquement les obligations *stricto sensu* de mise en concurrence, l'acheteur public peut envisager les procédures suivantes :
– la personne publique peut définir un premier seuil (à titre totalement indicatif, 15 000 € HT) où la mise en concurrence peut se limiter à la consultation d'au moins trois candidats ;

– entre ce premier seuil et un second seuil (par exemple, 90 000 € HT), la collectivité publique peut procéder à une mise en concurrence plus effective comprenant une véritable phase de négociation avec les candidats ;
– enfin, entre ce second seuil et un troisième seuil (à titre d'illustration, entre 90 000 et 230 000 € HT), la personne publique peut envisager de mettre en place une procédure de mise en concurrence et de sélection des offres faisant intervenir la CAO.

Quelles que soient les procédures de mise en concurrence envisagées par l'acheteur public, il est conseillé, pour profiter pleinement de la nouvelle souplesse offerte par le CMP 2004 de maintenir la possibilité de négocier avec les candidats.

5

LA PROCÉDURE ALLÉGÉE POUR CERTAINS MARCHÉS DE SERVICES

L'article 30 du CMP 2004 prévoit que certains marchés de services sont soumis à une procédure de mise en concurrence allégée. Ce régime particulier reconnu à certaines catégories de services trouve son origine dans le droit communautaire. L'article 9 de la directive « Services »[16] *prévoit, en effet, que les services visés à l'annexe 1B de cette dernière directive sont soumis, en raison de leur objet, à un régime allégé de mise en concurrence. Le CMP 2004 a sensiblement modifié le contour des services relevant de ce régime dérogatoire, tout en maintenant le régime de mise en concurrence allégée qui leur est consenti.*

(16) Directive CEE n° 92/50 du 18 juin 1992.

5.1 Services relevant de l'article 30 du CMP

Le CMP 2001 a introduit, pour la première fois, en droit national, le régime « allégé » de mise en concurrence, reconnu par le droit communautaire à certaines catégories de services. Pour ce faire, l'ancien article 30 du CMP 2001 dressait une liste limitative des catégories de services pouvant bénéficier de ce régime allégé de mise en concurrence. Un décret(17) pris en application de l'article 30 du CMP précisait le contenu exact des catégories de services relevant de ce dernier article.

Le CMP 2004 modifie sensiblement l'état du droit sur ce point, en étendant la liste des catégories de services relevant du régime allégé de l'article 30 du CMP. Désormais, cet article ne fixe plus une liste limitative des catégories de services pouvant bénéficier du régime allégé de mise en concurrence. Il fixe, au contraire, en son article 29, la liste des catégories de services soumis aux procédures de mise en concurrence de droit commun. Les catégories de services relevant du régime dérogatoire de mise en concurrence sont donc, sous l'empire de la nouvelle réglementation, définies négativement. Toutes les catégories de services qui ne sont pas citées à l'article 29 du CMP peuvent donc bénéficier, *a contrario*, du régime allégé de mise en concurrence.

Pour apprécier si un service rentre dans l'une des catégories génériques visées à l'article 29 du CMP, l'acheteur public doit utiliser les classifications établies par la nomenclature communautaire CPV(18). Après avoir identifié le service en cause dans cette nomenclature, la collectivité publique peut utilement se rapporter à l'annexe I de la circulaire du 7 janvier 2004 portant manuel d'application du code des marchés publics. Cette dernière énumère pour chacune des catégories de services visées à l'article 29 du CMP les numéros de référence dans la nomenclature CPV. Concrètement, si le service concerné par la procédure de marché que souhaite lancer une personne publique entre dans une des classifications CPV visées à l'annexe I de la circulaire précitée, ladite procédure obéit aux règles de droit de commun de passation définies par le CMP. Dans le cas inverse, le marché de services que souhaite conclure l'acheteur public relève de l'article 30 du CMP.

(17) Décret n° 2001-806 du 7 septembre 2001 pris pour l'application de l'article 30 du code des marchés publics et fixant la liste des services relevant des catégories mentionnées par cet article (*JO* 8 septembre 2001, p. 14376).

(18) *Common procurement vocabulary*, « vocabulaire commun pour les marchés publics », nomenclature issue du règlement CE n° 2151/2003, *JOUE* 17 décembre, L. 329/1.

5.2 Déroulement de la procédure

La passation des marchés de services relevant de l'article 30 est soumise à une procédure de passation allégée très peu formalisée. La volonté d'assurer une certaine mise en concurrence et de respecter les principes généraux posés par l'article 1er du CMP peut toutefois conduire l'acheteur public à s'imposer des règles de passation plus strictes.

5.2.1 Un régime de passation allégé

Le régime de passation applicable aux marchés de services relevant de l'article 30 du CMP est des plus allégé. Quel que soit leur montant, la passation de ces marchés n'est soumise qu'au respect d'une double condition peu contraignante.

Définition des prestations par rapport aux normes

L'efficacité de la commande publique présuppose que l'acheteur public définisse, en amont de la procédure, ses besoins. Ce principe classique du droit de la commande publique trouve également à s'appliquer aux marchés de services conclus sur le fondement de l'article 30 du CMP. La définition des besoins et des prestations opérée par l'acheteur public doit être effectuée par référence à des normes, dès lors qu'elles existent[19].

Publication d'un avis d'attribution

Lorsque le montant du marché excède 230 000 € HT, l'acheteur public est tenu de publier un avis d'attribution au *JOUE*. La personne publique doit, dans ce cas, indiquer si elle souhaite que ledit avis d'attribution soit publié (CMP, art. 80).

5.2.2 Le nécessaire respect des principes généraux du CMP

L'article 30 du CMP, tout en reconnaissant aux marchés de services qu'il concerne un régime « allégé » de mise en concurrence, soumet l'ensemble de ces contrats aux règles posées par l'article 1er du CMP.

Or, cet article pose en principe que « quel que soit leur montant, les marchés publics respectent les principes de liberté

(19) Voir la circulaire du 4 juillet 1986 modifié par celle du 5 juillet 1994, *JO* 26 août 1994.

d'accès à la commande publique, d'égalité de traitement des candidats et de transparence des procédures ». Le respect de ces principes suppose, entre autres, « le respect des obligations de publicité et de mise en concurrence et le choix de l'offre économiquement la plus avantageuse ».

La lecture combinée de ces deux dispositions du CMP (CMP, art. 30 et 1er) laisse présumer que lors de la conclusion d'un marché « dérogatoire » sur le fondement de l'article 30 du CMP, l'acheteur est également tenu d'opter pour l'offre économiquement la plus avantageuse à la suite du « respect des obligations et de mise en concurrence ».

Quels que soient le montant et l'objet du marché de services conclu sur le fondement de l'article 30 du CMP, il semble que la collectivité publique n'est jamais tenue d'entourer cette conclusion d'une mesure de publicité. L'article 40 du CMP précise, en effet, explicitement que le principe selon lequel « tout marché doit être précédé d'une publicité suffisante permettant une mise en concurrence effective » ne trouve pas à s'appliquer aux marchés conclus en application de l'article 30 du CMP.

La nécessité d'organiser une mise en concurrence préalable proche de celle organisée lors d'une procédure adaptée (sur cette procédure, voir chapitre 4) est davantage discutée. Dans la mesure où les marchés de services passés en application de l'article 30 du CMP sont soumis aux principes généraux définis à l'article 1er du CMP, la prudence juridique commande de soumettre certains d'entre eux à une procédure de mise en concurrence préalable. Dans cette hypothèse, la procédure de mise en concurrence adoptée peut être semblable à celle que s'impose la collectivité publique lors d'une procédure adaptée. Ce souci de mise en concurrence effective et de choix de l'offre économiquement la plus avantageuse peut trouver à s'appliquer à tous les services de l'article 30 du CMP relevant du champ concurrentiel où de nombreux prestataires sont susceptibles de répondre aux besoins de la collectivité publique (à titre d'illustration, services d'hôtellerie et de restauration, services de conseil juridique, services de placement et de fourniture de personnel…). Par contre, les services mentionnés à l'article 30 du CMP qui ne se situent pas dans le champ concurrentiel (à titre d'illustration, certains services sociaux et sanitaires) peuvent, a priori, être dispensés d'une procédure de mise en concurrence préalable.

6

LA PROCÉDURE NÉGOCIÉE

Le CMP dresse, en son article 35, une liste limitative des cas dans lesquels l'acheteur public est autorisé à recourir à une procédure négociée. Au-delà de ces hypothèses de droit commun, le CMP permet également à l'acheteur public, pour la conclusion de marchés présentant une certaine spécificité, de recourir à ce type de procédure.

6.1 Marchés négociés relevant de l'article 35 du CMP

Les différentes hypothèses dans lesquelles, en vertu de l'article 35, l'acheteur public peut régulièrement lancer une procédure négociée peuvent être regroupées en trois grandes catégories selon que la conclusion du marché négocié est ou non précédée d'une publicité préalable et/ou d'une mise en concurrence.

6.1.1 Procédure négociée avec publicité et mise en concurrence préalable

L'article 35 § I du CMP définit cinq hypothèses dans lesquelles l'acheteur public peut lancer une procédure négociée avec publicité et mise en concurrence préalable. Dans ces cas, la procédure négociée aboutissant à la conclusion du marché envisagé est strictement encadrée par le CMP.

Hypothèses

Procédure d'appel d'offres infructueuse

Cette hypothèse, prévue à l'article 35 § I, 1° du CMP, est classique. Lorsqu'une procédure d'appel d'offres est infructueuse, l'acheteur public peut décider de lancer une procédure négociée pour aboutir à la conclusion du marché envisagé. La déclaration d'infructuosité de la procédure d'appel d'offres est strictement encadrée par le code des marchés publics (voir 3.5.4).

Marchés de services ne pouvant être précisément définis

Cette hypothèse ne concerne que les seuls marchés de services dans lesquels « la prestation de services à réaliser est d'une nature telle que les spécifications du marché ne peuvent être établies préalablement avec une précision suffisante pour permettre le recours à l'appel d'offres » (CMP, art. 35 § I, 2°). Le CMP précise qu'il s'agit, notamment, des hypothèses « de marchés de prestations intellectuelles, telles que la conception d'un ouvrage ». Cette hypothèse peut également concerner notamment certains marchés de services conclus dans le domaine des nouvelles technologies, certains marchés financiers ou encore certains marchés d'études industrielles.

Le principe demeure que la collectivité publique ne peut recourir à la procédure négociée qu'à titre dérogatoire, la procédure de droit commun demeurant l'appel d'offres ou la procédure de concours pour la maîtrise d'œuvre. Dès lors, et quel que soit l'objet du marché de services, l'acheteur public doit être en mesure de justifier objectivement les raisons techniques qui l'empêchent de définir les spécifications du marché envisagé et, par voie de conséquence, de recourir à l'appel d'offres.

Marchés de travaux présentant une finalité particulière

Les marchés de travaux qui sont conclus « uniquement à des fins de recherche, d'essai, d'expérimentation, de mise au point, d'étude ou de développement » peuvent faire l'objet d'une procédure négociée avec publicité et mise en concurrence préalable (CMP, art. 35 § I, 3°). En outre, pour bénéficier de ce régime dérogatoire de passation, ces derniers marchés de travaux ne doivent pas présenter une « finalité commerciale ». Sous l'empire de « l'ancien » CMP, le juge administratif a admis la régularité du recours à la procédure négociée pour l'achat par le CNRS d'une plate-forme de calcul intensif à architecture vectorielle (TA Versailles 8 juillet 1999, Sté Fujitsu, req. n° 99.4384, *Droit des marchés publics*, III.221.4, dir. C. Bréchon-Moulènes, Éditions du Moniteur). Il convient de noter que les marchés de fournitures présentant ce même objet sont soumis à une procédure négociée sans publicité préalable mais avec mise en concurrence préalable.

Marchés de services dans lesquels les prix ne peuvent pas, en leur globalité, être fixés en amont de la procédure

La quatrième hypothèse ne concerne que les seuls marchés de services « dont la nature ou les aléas qui peuvent affecter leur réalisation ne permettent pas une fixation préalable et globale des prix » (CMP, art. 35 § I, 4°). Dans ce cas, qui ne peut être qu'exceptionnel, l'acheteur public n'est pas tenu de lancer une procédure d'appel d'offres ou de concours (pour l'hypothèse d'un marché de maîtrise d'œuvre) et peut conclure le marché selon la procédure négociée.

Marchés de travaux compris entre 230 000 et 5 900 000 € HT

Le CMP 2004 a réintroduit une hypothèse où le lancement d'une procédure négociée est fonction du seuil du marché. Il s'agit du cas des marchés de travaux présentant un seuil compris entre 230 000 et 5 900 000 € HT (CMP, art. 35 § I, 5°). Pour conclure un marché de travaux présentant un tel seuil, l'acheteur public décide, de manière discrétionnaire, soit de lancer une procédure d'appel d'offres, soit de lancer une procédure de dialogue compétitif, soit de lancer une procédure négociée (CMP, art. 28 § III, 2°).

Déroulement de la procédure

Le CMP 2004 a sensiblement modifié la procédure négociée précédée d'une publicité et d'une mise en concurrence préalable, en accentuant considérablement le rôle reconnu à la CAO. Désormais, la compétence pour attribuer le marché relève de la CAO, et non plus de la personne responsable du marché.

Publicité

La procédure débute par la publication d'un avis d'appel public à la concurrence (sur cette publicité et l'utilisation des modèles standardisés, voir 3.1.2).

Hypothèse particulière de l'infructuosité

Toutefois, en cas de procédure négociée faisant suite à l'infructuosité d'une procédure d'appel d'offres, le lancement de ladite procédure négociée suppose l'intervention préalable de la CAO. C'est à cette dernière commission qu'il appartient, en effet, de déclarer infructueux l'appel d'offres et de décider de recourir à la procédure négociée. En outre, dans cette hypothèse de procédure négociée faisant suite à l'infructuosité de l'appel d'offres, l'acheteur public n'est pas tenu de publier un avis de publicité dès lors qu'il envisage de ne négocier qu'avec les seuls candidats ayant déposé une offre dans le cadre de la procédure d'appel d'offres initiale.

Dépôt et sélection des candidatures

Les candidats intéressés doivent alors disposer d'un délai minimal de 37 jours pour déposer leur dossier de candidature.

Il est à noter que ce délai peut être réduit à 22 jours pour les marchés de travaux présentant un montant compris entre 230 000 et 5 900 000 € HT. En outre, en cas d'urgence ne résultant pas du fait de la personne publique, ce délai peut être ramené à 15 jours (sur les modes de computation des délais, voir 3.3). Après réception des candidatures, qui doivent être transmises par tout moyen permettant de déterminer de façon certaine la date de leur réception et de garantir leur confidentialité, la personne responsable dresse la liste des candidats admis à négocier selon des principes identiques à ceux applicables en procédure d'appel d'offres (voir 3.4).

Dépôt des offres et négociation

La personne responsable du marché adresse alors à l'ensemble des candidats sélectionnés une lettre de consultation les invitant à déposer une offre, ainsi que le dossier de consultation (voir 3.2). Sur la base de ces documents, les candidats sélectionnés transmettent leur offre à l'acheteur public. Une fois les offres réceptionnées, la personne responsable du marché peut engager les négociations avec les candidats de son choix. Il est, toutefois, à noter que le nombre de candidats admis à négocier ne peut être inférieur à trois sauf si le nombre de candidats n'est pas suffisant. Les négociations permettent à l'acheteur public de rencontrer les candidats et de discuter avec eux des modifications qui paraissent opportunes (à titre d'illustration, clauses financières, rabais, délais d'exécution, modalités techniques d'exécution de la prestation...). La phase de négociation doit, toutefois, respecter le principe d'égalité de traitement. C'est ainsi que le projet finalement retenu ne peut être totalement différent de celui qui était défini dans le règlement de consultation (CE 22 avril 1983, Auffret et Dumoulin, *Lebon*, p. 160).

Attribution du marché négocié par la CAO

À l'issue des négociations, la personne responsable du marché opère un classement des différentes offres et convoque la CAO. Au vu de la proposition de classement opérée par la personne responsable du marché, la CAO attribue le marché à l'un des candidats. À l'issue de l'attribution du marché par la CAO, le marché est signé par la personne responsable du marché et soumis aux formalités classiques d'achèvement de la procédure (voir 3.6).

6.1.2 Procédure négociée sans publicité, mais avec mise en concurrence

Hypothèses

Le CMP 2004 ne permet plus aux collectivités publiques d'utiliser la procédure négociée en cas de marchés exigeant le secret ou en cas de défaillance du titulaire. Ne subsistent que deux hypothèses dans lesquelles la collectivité publique est habilitée à lancer une procédure négociée sans publicité préalable mais avec mise en concurrence préalable.

Urgence impérieuse

En cas d'urgence impérieuse résultant de circonstances imprévisibles, l'acheteur public est autorisé à lancer une procédure négociée dispensée de publicité mais avec mise en concurrence préalable (CMP, art. 35 § II, 1°). Le lancement d'une telle procédure dérogatoire suppose toutefois que la collectivité publique démontre objectivement que la nécessité de répondre, dans les brefs délais, à cette situation d'urgence est incompatible avec les délais incompressibles exigés par les procédures d'appel d'offres ou les marchés négociés précédés d'une publicité. Le CMP 2004 précise que tel peut être le cas « des marchés conclus pour faire face à des situations d'urgence impérieuse relevant d'une catastrophe technologique ou naturelle ».

Le juge administratif adopte une attitude assez restrictive sur l'appréciation de la notion « d'urgence impérieuse ». C'est ainsi que la nécessité de construire une école pour la rentrée scolaire (CE 1er octobre 1997, M. Hemmerdinger, *Lebon*, p. 326) ou celle d'étendre l'école du fait de l'arrivée de nouvelles familles sur le territoire de la commune (CAA Paris 31 octobre 1995, SARL Debruyne et Etezad, *Lebon*, p. 899) ne justifient pas le recours à la procédure d'urgence.

Marchés de fournitures présentant une certaine finalité

La seconde hypothèse ne vise que les seuls marchés de fournitures « qui sont conclus uniquement à des fins de recherche, d'essai, d'expérimentation, de mise au point, d'étude ou de développement sans finalité commerciale ». Les marchés de travaux présentant ce même objet sont soumis à une procédure négociée avec publicité et mise en concurrence préalable.

Déroulement de la procédure

Dans ces deux hypothèses, la procédure négociée lancée par l'acheteur public est dispensée de publicité préalable. Elle débute donc par l'envoi d'une lettre de consultation et éventuellement d'un dossier de consultation, à trois candidats au moins. Ces documents doivent inviter lesdits candidats à déposer leur candidature et leur proposition dans un délai raisonnable librement déterminé par l'acheteur public. À la suite de la réception des candidatures et des offres, la personne responsable du marché procède à l'examen des candidatures et sélectionne les candidats admis à présenter une offre. La personne responsable du marché examine ensuite les offres des candidats présélectionnés et entame librement les négociations avec les candidats de son choix. Le nombre de candidats admis à négocier ne peut être inférieur à trois, sauf si le nombre de candidats est insuffisant. À l'issue des négociations, la personne responsable du marché opère un classement des différentes offres et convoque la CAO. Au vu du classement proposé par la personne responsable du marché, la CAO attribue le marché à l'un des candidats. À l'issue de l'attribution du marché par la CAO, le marché est signé par le responsable du marché et soumis aux formalités classiques d'achèvement de la procédure (voir 3.6).

6.1.3 Procédure négociée sans publicité préalable et sans mise en concurrence

Le CMP 2004 définit quatre cas dans lesquels la procédure négociée est dispensée de publicité et de mise en concurrence préalable. Dans ces quatre hypothèses, la procédure aboutissant à la conclusion du marché est des plus simple.

Hypothèses

Marchés complémentaires

Le CMP permet à l'acheteur public de confier au titulaire d'un marché public, sans nouvelle procédure de mise en concurrence, la réalisation de prestations complémentaires. Pour éviter les abus, le CMP encadre fortement le recours par les collectivités publiques à ce procédé contractuel, dont l'utilisation doit, par conséquent, demeurer exceptionnelle.

Conditions communes

Quelle que soit la nature du marché (travaux, fournitures ou services), la conclusion d'un marché complémentaire est soumise à trois conditions cumulatives :
– le marché initial doit avoir été conclu à la suite d'une procédure de mise en concurrence. Le recours aux marchés complémentaires suppose que le marché initial ait été conclu à la suite d'une procédure d'appel d'offres, de concours, de dialogue compétitif ou à la suite d'une procédure négociée avec mise en concurrence ;
– le montant des marchés complémentaires est plafonné. Le montant cumulé des marchés complémentaires ne doit pas dépasser 50 % du montant du marché principal (CMP, art. 35 § III, 1°, b) ;
– le marché complémentaire doit être exécuté par le titulaire du marché initial.

La conclusion de marchés complémentaires est, en outre, soumise à des conditions spécifiques à chaque catégorie de marchés.

Marchés de fournitures

La conclusion de marchés complémentaires avec le titulaire d'un marché de fournitures est soumise, au-delà des trois conditions communes préexposées, aux trois conditions spécifiques suivantes :
– objet du marché complémentaire : les prestations complémentaires confiées au titulaire d'un marché de fournitures doivent être destinées :
  - soit au renouvellement partiel de fournitures ou d'installations d'usage courant,
  - soit à un complément de fournitures ou à l'extension d'installations existantes ;

Le recours aux marchés complémentaires n'est, en outre, possible que lorsque le changement de fournisseur obligerait la personne publique à acquérir un matériel de technique différente entraînant une incompatibilité ou des difficultés techniques d'utilisation et d'entretien excessives. Concrètement, le recours à ce procédé contractuel ne peut pas être utilisé pour l'acquisition de fournitures courantes et est limité aux seules hypothèses exceptionnelles où des considérations techniques justifient que le fournisseur initial se voit confier la fourniture des prestations complémentaires ;
– la durée du marché complémentaire ne peut pas dépasser trois années ;

– le montant total du marché (c'est-à-dire le montant du marché initial et des livraisons complémentaires) est plafonné à 230 000 € HT, sauf si le marché initial a été conclu à la suite d'une procédure d'appel d'offres et a fait l'objet d'un avis de publicité communautaire.

Marchés de travaux et de services

La conclusion de marchés complémentaires avec les titulaires des marchés de travaux ou de fournitures est soumise, au-delà des trois conditions communes préexposées, aux cinq conditions spécifiques suivantes :
– les travaux ou les services complémentaires doivent présenter un objet différent par rapport aux prestations prévues dans le marché initial. L'acheteur public ne peut donc pas utiliser ce procédé contractuel pour faire face à une carence dans la définition préalable des besoins ;
– les travaux ou les services complémentaires doivent être devenus nécessaires à l'exécution du marché initial à la suite d'une circonstance imprévue ;
– les travaux ou les services complémentaires doivent permettre l'exécution du service ou la réalisation de l'ouvrage tels qu'ils sont décrits dans le marché initial. Les prestations complémentaires sont donc indispensables à la bonne exécution du marché initial ;
– les travaux ou les services complémentaires ne peuvent être techniquement ou économiquement séparés du marché initial sans inconvénient majeur pour la personne publique. Le recours à ce procédé contractuel dérogatoire ne doit pas concerner les prestations de services ou de travaux ordinaires. Il ne peut porter que sur des situations exceptionnelles où, objectivement, il apparaît que seul le titulaire du marché initial peut exécuter les prestations complémentaires ;
– à la différence des marchés complémentaires conclus à la suite d'un marché de fournitures, les marchés complémentaires passés à la suite d'un marché de travaux ou de services ne sont pas soumis à des limitations de durée ou de plafonnement (si ce n'est le seuil de 50 % qui trouve à s'appliquer à tous les marchés complémentaires).

Marchés de reconduction de travaux ou de services similaires

La procédure négociée sans mise en concurrence peut être utilisée par l'acheteur public pour confier l'exécution de prestations complémentaires similaires au titulaire d'un

premier marché. L'utilisation de ce procédé dérogatoire est strictement encadrée par le CMP. Il ne concerne que les seuls marchés de travaux ou de services et est soumis au respect de cinq conditions cumulatives :
– l'exécution des prestations similaires doit être obligatoirement confiée au titulaire du marché initial ;
– les marchés de reconduction doivent, tout d'abord, tendre à l'exécution de prestations similaires à celles du marché initial. Le CMP 2004 a assoupli cette première condition liée à l'objet des prestations complémentaires puisque le CMP, dans sa version précédente, exigeait que lesdites prestations soient identiques ;
– le marché initial doit avoir été conclu à la suite d'une procédure d'appel d'offres ;
– le marché initial doit avoir prévu la possibilité de reconduire, à la suite d'une procédure négociée sans mise en concurrence, ledit marché initial et de confier à son titulaire l'exécution de prestations similaires ;
– la détermination de la procédure de mise en concurrence applicable à la passation du marché initial doit prendre en compte le montant dudit marché initial et le montant du marché de reconduction.

La durée pendant laquelle les marchés de reconduction peuvent être conclus ne peut dépasser trois ans à compter de la notification du marché initial.

Marchés de services faisant suite à une procédure de concours

Les collectivités publiques peuvent confier, sans mise en concurrence préalable, au lauréat ou à l'un des lauréats d'un concours l'exécution d'un marché de services (voir chapitre 7).

Raisons techniques, artistiques ou tenant à la protection de droits d'exclusivité

Cette hypothèse est commune aux marchés de travaux, de fournitures ou de services. Les acheteurs publics sont autorisés à utiliser la procédure négociée sans mise en concurrence lorsque la prestation objet du marché ne peut être confiée qu'à une entreprise déterminée pour des raisons techniques, artistiques ou tenant à la protection de droits d'exclusivité. Le recours à ce procédé exceptionnel suppose la présence de deux conditions cumulatives dont la preuve doit être apportée par l'acheteur public :

– la présence de considérations techniques, artistiques ou liées à la protection de droits d'exclusivité ;
– l'existence d'un seul prestataire identifié susceptible de répondre à ces considérations.

C'est ainsi que la commande d'une œuvre d'art auprès d'un sculpteur ne rentre pas nécessairement dans le champ de cette dérogation, dans la mesure où il n'est pas démontré que ledit sculpteur est le seul à pouvoir répondre au besoin artistique de la collectivité (CE 8 décembre 1995, Préfet du département de la Haute-Corse, Lebon, p. 435). Dans le domaine artistique, l'acheteur public peut, si les conditions très restrictives du marché négocié sans mise en concurrence ne sont pas remplies, utiliser la procédure allégée des services de l'article 30 (voir chapitre 5).

Déroulement de la procédure

Ces marchés sont dispensés de publicité et de mise en concurrence préalable. La personne responsable du marché entame donc directement les négociations avec le prestataire concerné. À l'issue des négociations, le marché est attribué par la CAO (CMP, art. 66). En cas de marché de services faisant suite à une procédure de concours, la personne responsable du marché doit entamer les négociations avec l'ensemble des lauréats du concours. Dans ce cas, le marché est attribué par l'assemblée délibérante (CMP, art. 70).

6.2 Hypothèses ne relevant pas de l'article 35 du CMP

Au-delà des cas définis à l'article 35, le CMP permet le recours à la procédure négociée dans certaines hypothèses particulières liées à la conclusion de marchés de définition, à certains marchés de maîtrise d'œuvre, à la présence de prix provisoires, ou au cas particulier des opérateurs de réseaux.

6.2.1 Marchés de définition

Le recours à la formule des marchés de définition peut permettre la conclusion avec l'auteur de la solution retenue d'un marché sans mise en compétition préalable (sur la notion de marché de définition, voir 1.2.4). Le recours à une telle procédure de passation est toutefois strictement encadré par le CMP.

Tout d'abord, l'acheteur public doit avoir conclu plusieurs marchés de définition avec plusieurs prestataires différents. Ces marchés doivent être exécutés simultanément et porter sur l'exécution de prestations identiques.

Ensuite, pour éviter tout fractionnement abusif de l'achat public, le « montant des prestations à comparer aux seuils tient compte du montant des études de définition et du montant estimé du marché d'exécution ». Concrètement, lors du lancement de la procédure de mise en concurrence aboutissant à la conclusion des marchés de définition, l'acheteur public doit tenir compte du montant des différents marchés de définition à conclure et du montant estimé du marché qui sera conclu avec l'auteur de la solution retenue.

Enfin, le CMP définit les autorités compétentes pour attribuer le marché d'exécution conclu avec l'auteur de la solution retenue. Si les deux conditions sus-exposées sont respectées, le marché d'exécution est, en principe, attribué par la CAO, sans mise en compétition préalable, à l'auteur de la solution retenue (CMP, art. 73, al. 4). Cette compétence appartient à l'assemblée délibérante lorsque les marchés de définition aboutissent à la conclusion d'un marché de maîtrise d'œuvre (CMP, art. 74 § III).

6.2.2 Procédures négociées spécifiques à la maîtrise d'œuvre

L'article 74 du CMP définit deux hypothèses dans lesquelles l'acheteur public peut conclure à la suite d'une simple procédure négociée des marchés de maîtrise d'œuvre (sur la notion de maîtrise d'œuvre, voir 7.1.2). Lorsque la collectivité publique fait usage de l'une de ces deux hypothèses, elle est dispensée de lancer une procédure de concours de maîtrise d'œuvre (voir 7.1.2). La première de ces hypothèses correspond au cas où le marché de maîtrise d'œuvre est conclu à la suite d'un marché de définition. La seconde hypothèse est spécifique à la maîtrise d'œuvre et concerne les marchés de maîtrise d'œuvre dont il est impossible de définir, en amont de la procédure, les spécifications ou les prix.

Le cinquième alinéa de l'article 74 du CMP définit quatre cas où l'acheteur public n'est pas tenu de lancer une procédure de concours alors que le montant estimé du marché de maîtrise d'œuvre qu'il est envisagé de conclure est supérieur à 230 000 € HT. Dans ces quatre hypothèses, la personne publique est autorisée à lancer une procédure d'appel d'offres avec une CAO composée en jury de maîtrise d'œuvre (sur ces points, voir 7.3.6). Toutefois, dans deux hypothèses dérogatoires, la collectivité publique est autorisée à conclure le marché de maîtrise d'œuvre à la suite d'une procédure négociée. Il s'agit des cas où :
– la prestation de maîtrise d'œuvre ne peut pas être établie préalablement avec une précision suffisante pour permettre le recours à la procédure d'appel d'offres ;
– il s'agit d'une prestation de maîtrise d'œuvre dont la nature ou les aléas qui peuvent affecter sa réalisation ne permettent pas une fixation préalable et globale des prix.

Dans ces deux cas, qui ne peuvent être utilisés qu'à titre exceptionnel, la collectivité publique peut conclure le marché de maîtrise d'œuvre selon une procédure négociée spécifique définie à l'article 74 § II, 7° du CMP.

La procédure débute par l'envoi d'un avis d'appel public à la concurrence. Les candidats doivent disposer d'un délai minimal de 37 jours pour déposer leur dossier de candidature. Ce délai peut toutefois être ramené à 15 jours en cas d'urgence ne résultant pas du fait de la personne publique. La personne publique peut décider que la mise en compétition est limitée à l'examen des compétences, références et moyens humains et matériels des candidats. Le jury de maîtrise d'œuvre examine les dossiers de candidature et formule un avis motivé. La personne responsable du marché dresse alors la liste des candidats admis à négocier, dont le nombre ne peut être inférieur à trois, sauf si le nombre de candidats n'est pas suffisant. La personne responsable du marché entame alors les négociations avec l'ensemble des candidats. À l'issue des négociations, la personne responsable du marché saisit l'assemblée délibérante afin qu'elle attribue le marché de maîtrise d'œuvre au candidat retenu. Le marché entre alors en vigueur selon les règles de droit commun (voir 3.6).

6.2.3 Marchés à prix provisoires

Dans ces cas exceptionnels définis par l'article 18 du CMP, certains marchés publics peuvent être conclus à prix provisoires. Il s'agit des hypothèses suivantes :
– les marchés de maîtrise d'œuvre (sur la notion de marché de maîtrise d'œuvre, voir 7.1.2) ;
– lorsque, pour des prestations complexes ou faisant appel à une technique nouvelle et présentant soit un caractère d'urgence impérieuse, soit des aléas techniques importants, l'exécution du marché doit commencer alors que la détermination d'un prix initial n'est pas encore possible ;
– lorsque les résultats d'une enquête de coût de revient portant sur des prestations comparables commandées au titulaire d'un marché antérieur ne sont pas encore connus ;
– lorsque les prix des dernières tranches d'un marché à tranches doivent être fixés au vu des résultats, non encore connus, d'une enquête de coût de revient portant sur les premières tranches conclues à prix définitif ;
– lorsque les prix définitifs de prestations comparables ayant fait l'objet de marchés antérieurs sont remis en cause par le candidat pressenti ou la personne responsable du marché, sous réserve que celle-ci ne dispose pas des éléments techniques ou comptables lui permettant de négocier de nouveaux prix définitifs.

Les marchés à prix provisoires sont conclus à la suite d'une procédure négociée (CMP, art. 18). Toutefois, le CMP ne précise pas si ces marchés négociés doivent ou non être précédés d'une mise en concurrence.

L'hypothèse des marchés de maîtrise d'œuvre ne soulève pas de difficulté particulière puisque l'article 74 du CMP définit précisément les procédures de mise en concurrence applicables à cette catégorie spécifique de marché public (voir 7.1.2). Les autres hypothèses prévues à l'article 18 du CMP demeurent plus problématiques. Il semble que seul le cas défini à l'article 18 § I, 1° du CMP (prestation complexe présentant un caractère d'urgence impérieuse ou des aléas techniques importants) suppose le lancement d'une mise en concurrence préalable avant la conclusion du marché négocié. Les autres marchés à prix provisoires (CMP, art. 18 § I, 2°, 3°, 4°) devraient pouvoir être négociés sans mise en concurrence préalable.

6.2.4 Les opérateurs de réseaux

L'article 84 du CMP reprend la logique de la directive communautaire sur les secteurs spéciaux[20] en permettant aux personnes publiques, lorsqu'elles interviennent en qualité d'opérateurs de réseaux (secteurs de l'eau, de l'énergie, des transports et des télécommunications), de conclure leurs marchés à la suite d'une procédure négociée après publicité préalable. Le CMP 2001 réservait cette possibilité aux seuls marchés de services conclus par les opérateurs de réseaux. Le CMP 2004 a étendu cette possibilité à l'ensemble des marchés (travaux, fournitures ou services) passés par les opérateurs de réseaux dès lors que lesdits marchés ont pour objet de répondre directement aux besoins de l'activité en cause.

(20) Directive n° 93/38 du 14 juin 1993, art. 20.

7

LA PROCÉDURE DU CONCOURS

La procédure du concours permet à l'acheteur public de confier à un prestataire extérieur le soin de réaliser « un plan ou un projet ». La nature fort particulière de la prestation attendue des candidats justifie l'instauration d'une procédure spécifique de mise en concurrence. La spécificité de la procédure se matérialise essentiellement sur le plan des acteurs et des règles gouvernant le déroulement de la procédure. La procédure du concours présente, en outre, en sa qualité de procédure dérogatoire, un champ d'application circonscrit par le CMP.

7.1 Champ d'application de la procédure

Le lancement d'une procédure de concours, définie à l'article 38 du CMP, n'est pas fonction du montant de l'achat public envisagé par la personne publique. Cette procédure trouve à s'appliquer à l'ensemble des hypothèses où la personne publique souhaite confier à un prestataire extérieur le soin de réaliser « un plan ou un projet » (CMP, art. 38), c'est-à-dire d'effectuer une prestation de conception. Cette procédure, essentiellement utilisée dans le domaine de la maîtrise d'œuvre, présente un champ d'application relativement large.

7.1.1 Un champ d'application relativement large

Les réglementations nationales et communautaires ne limitent pas les domaines d'utilisation de la procédure du concours. C'est ainsi que l'article 38 du CMP et les directives communautaires(21) s'accordent pour considérer que les procédures de concours permettent à un acheteur public de confier à un prestataire extérieur le soin de réaliser un plan ou un projet « notamment dans le domaine de l'aménagement du territoire, de l'urbanisme, de l'architecture et de l'ingénierie ou des traitements de données ». Cette liste ne présente pas un caractère exhaustif et les collectivités publiques demeurent libres d'utiliser la procédure de concours dans d'autres domaines d'activités (habitat, transport et circulation, animation et formation professionnelle...).

La seule restriction posée par le CMP et par les directives communautaires concerne la nature de la prestation confiée au titulaire du marché conclu à la suite d'une procédure de concours. La procédure de concours doit obligatoirement tendre à la conclusion d'un marché où le prestataire se voit uniquement confier le soin de réaliser « un plan ou un projet », c'est-à-dire d'effectuer une prestation de conception. En aucun cas, ledit prestataire, sélectionné à la suite d'une procédure de concours, ne peut se voir confier l'exécution du projet ainsi conçu.

(21) Directive n° 2/50/CEE « Services » du 18 juin 1992, art. 1-g.
Directive n° 93/38/CEE « Secteurs spéciaux », art. 1-16.

7.1.2 Hypothèse particulière de la maîtrise d'œuvre

La procédure du concours est essentiellement utilisée dans le domaine de la maîtrise d'œuvre. Les contrats de maîtrise d'œuvre tendent, en effet, à confier à un prestataire extérieur le soin de concevoir ou de participer à la conception d'un ouvrage ou d'un projet urbain ou paysager. Dans la mesure où ces contrats tendent à confier uniquement au prestataire la réalisation d'un projet, ils s'inscrivent parfaitement dans la logique de la procédure du concours.

L'article 74 § II du CMP a ainsi fait de la procédure de concours la procédure de droit commun en matière de maîtrise d'œuvre. Dès lors que le montant estimé du marché de maîtrise d'œuvre dépasse le seuil de 230 000 € HT, l'acheteur public est tenu de conclure ledit marché à la suite d'une procédure de concours. En amont de la procédure, lors de la phase de définition préalable des besoins, la collectivité publique doit déterminer si la prestation qu'elle souhaite confier à un prestataire extérieur constitue une prestation de maîtrise d'œuvre. Si la réponse à cette interrogation est positive, l'acheteur public doit soumettre la conclusion du marché aux règles définies à l'article 74 du CMP, et plus spécifiquement à une procédure de concours dès lors que le seuil de 230 000 € HT est dépassé. Si, au contraire, la prestation objet du marché ne constitue pas de la maîtrise d'œuvre, la conclusion du marché doit obéir aux règles de droit commun, et plus précisément à une procédure d'appel d'offres de droit commun si le seuil de 230 000 € HT est dépassé. D'où la nécessité de circonscrire la notion de maîtrise d'œuvre.

Notion de maîtrise d'œuvre

Le CMP, en son article 74 § I, définit le marché de maîtrise d'œuvre à travers deux éléments cumulatifs(22).

Pour constituer un tel marché, le contrat doit :
– d'une part, porter sur l'exécution d'un ou plusieurs éléments de mission définis par l'article 7 de la loi n° 85-704 du 12 juillet 1985 relative à la maîtrise d'ouvrage publique et à ses rapports avec la maîtrise d'œuvre privée (dite loi « MOP ») et par le décret n° 93-1268 du 29 novembre 1993 pris pour son application ;

(22) Doivent ainsi être pris en compte les membres composant le « noyau dur », les éventuelles personnalités désignées et les personnes qualifiées.

– d'autre part, concerner la réalisation d'un ouvrage ou d'un projet urbain ou paysager.

L'état du droit est donc relativement limpide. Constitue un marché de maîtrise d'œuvre tout contrat par lequel une collectivité publique confie à un prestataire extérieur la réalisation d'au moins un des éléments de mission énumérés à l'article 7 de la loi « MOP », c'est-à-dire : les études d'esquisse (ESQ), les études d'avant-projets (AVP), les études de projet (PRO), l'assistance portée au maître de l'ouvrage pour la passation du contrat de travaux (ACT), les études d'exécution ou de l'examen de la conformité au projet et le visa de celles qui ont été faites par l'entrepreneur (EXE), la direction de l'exécution du contrat de travaux (DET), l'ordonnancement, le pilotage et la coordination du chantier (OPC), l'assistance portée au maître de l'ouvrage lors des opérations de réception et pendant la période de garantie de parfait achèvement (AQR).

Si tel est le cas, la passation d'un tel contrat est soumise aux procédures de passation propres aux marchés de maîtrise d'œuvre et non aux procédures de droit commun. Ainsi, si le montant estimé du marché excède 230 000 € HT, l'acheteur public est tenu de lancer, en application de l'article 74 du CMP, une procédure de concours et non une procédure d'appel d'offres de droit commun.

Procédures de passation applicables aux marchés de maîtrise d'œuvre

Le CMP 2004 a poursuivi le mouvement de simplification du droit amorcé par le CMP 2001. Le précédent CMP, issu de la réforme de 2001, avait supprimé les seuils de procédure (450 000 F et 900 000 F) spécifiques aux seuls marchés de maîtrise d'œuvre. Le CMP 2004 a poursuivi cette simplification en faisant disparaître la procédure intermédiaire applicable aux marchés de maîtrise d'œuvre présentant un montant compris entre 90 000 et 200 000 € HT (CMP 2001, art. 74 § II, 2°).

Désormais, les règles de passation applicables aux marchés de maîtrise d'œuvre sont parfaitement harmonisées avec les règles applicables aux autres marchés. Au-dessous du seuil de 230 000 € HT, la collectivité locale peut conclure un marché de maîtrise d'œuvre selon la procédure adaptée (CMP, art. 74

§ II, 1°). Lorsque le seuil de 230 000 € HT est dépassé, l'acheteur public est, en principe, tenu de lancer une procédure de concours telle que définie à l'article 74 du CMP.

Le montant du marché de maîtrise d'œuvre est calculé selon les règles générales de computation des seuils applicables aux marchés de services définies à l'article 27 du CMP. Pour opérer une telle estimation, l'acheteur public doit prendre en compte le seul montant prévisible des prestations de maîtrise d'œuvre sans y inclure le coût estimé des travaux, c'est-à-dire sans y inclure le montant prévisible des marchés de travaux (CE 3 mars 1995, Commune de Rombas c/Miller, *Lebon*, p. 899).

L'obligation de recourir à la procédure de concours en cas de marché de maîtrise d'œuvre excédant 230 000 € HT connaît quatre dérogations définies par l'article 74 § II, 5° du CMP. Il s'agit des quatre hypothèses suivantes :
- attribution d'un marché de maîtrise d'œuvre relatif à la réutilisation ou à la réhabilitation d'ouvrages existants ;
- attribution d'un marché de maîtrise d'œuvre relatif à des ouvrages réalisés à titre de recherche, d'essai, ou d'expérimentation ;
- attribution d'un marché de maîtrise d'œuvre qui ne confie aucune mission de conception au titulaire ;
- attribution d'un marché de maîtrise d'œuvre relatif à des ouvrages d'infrastructures.

Dans ces quatre hypothèses, si la personne publique décide de ne pas recourir à la procédure de concours, elle est tenue, en principe, de lancer une procédure d'appel d'offres classique pour la conclusion du marché de maîtrise d'œuvre envisagé. Toutefois, si l'acheteur public opte pour cette solution, la CAO doit être composée comme un jury de maîtrise d'œuvre. À titre exceptionnel, l'acheteur public peut éviter de lancer, dans les quatre hypothèses susvisées, une procédure de concours ou d'appel d'offres avec CAO composée en jury, et recourir à la procédure négociée telle que définie aux alinéas 7 et 8 de l'article 74 § II du CMP. La collectivité publique peut recourir à cette procédure négociée dans deux hypothèses :
- lorsque la prestation à réaliser est d'une nature telle que les spécifications du marché ne peuvent être établies préalablement avec une précision suffisante pour permettre le recours à l'appel d'offres (CMP, art. 35 § I, 2°) ;

– lorsqu'il s'agit de prestations dont la nature ou les aléas qui peuvent affecter leur réalisation ne permettent pas une fixation préalable et globale des prix (CMP, art. 35 § I, 4°).

Il convient, enfin, de remarquer que le CMP 2004 a supprimé l'article 74 § IV qui permettait, sous l'empire des anciennes réglementations, de confier, sans procédure de mise en concurrence préalable, au maître d'œuvre titulaire du marché initial, le contrat de maîtrise d'œuvre portant sur l'extension d'un ouvrage existant, et ce, dès lors qu'un tel procédé était justifié par la volonté d'assurer l'unité architecturale, technique ou paysagère du projet d'extension. Désormais, la maîtrise d'œuvre liée à l'extension d'un ouvrage existant obéit au régime de droit commun applicable à tout marché de maîtrise d'œuvre.

Procédures de passation applicables aux marchés de maîtrise d'œuvre	
Hypothèses	**Procédures applicables**
Marchés présentant un montant compris entre 1 et 230 000 € HT	Marchés conclus à la suite d'une procédure adaptée (CMP, art. 28)
Marchés présentant un montant supérieur à 230 000 € HT	Marchés soumis à une procédure de concours
– Opérations de réutilisation ou de réhabilitation d'un ouvrage – Ouvrages réalisés à titre de recherche, d'essai ou d'expérimentation – Aucune mission de conception confiée au titulaire – Ouvrages d'infrastructures	Dispense de concours : dans ce cas, lancement d'une procédure d'appel d'offres avec CAO siégeant en jury. Dans les hypothèses exceptionnelles définies au 2° et 4° de l'article 35 du CMP, le maître de l'ouvrage peut lancer la procédure négociée définie à l'article 74 § II, 5° du CMP.

7.2 Acteurs de la procédure de concours

La procédure de concours suppose, au niveau local, l'intervention de trois acteurs : la personne responsable du marché, l'assemblée délibérante et le jury de concours. Les deux premiers acteurs ne sont pas propres à la procédure de concours et ne soulèvent pas d'observations particulières (sur la notion de personne responsable du marché, voir 2.1). Le jury de concours constitue, en revanche, l'une des particularités de la procédure de concours. Il constitue, à ce titre, un acteur spécifique de cette procédure.

7.2.1 Composition du jury de concours

La composition du jury de concours est précisée à l'article 25 du CMP. Le jury de concours est établi à partir de la CAO qui constitue son « noyau dur » (sur la composition de la CAO, voir 2.2). Le jury de concours comprend ainsi obligatoirement les membres de la CAO permanente instituée par l'acheteur public ou, à défaut de commission permanente, les membres de la CAO créée spécifiquement pour la passation du marché.

Au-delà de ce « noyau dur », le jury de concours peut comprendre des personnalités désignées et des personnes qualifiées. Les règles sont, sur ce point, plus strictes lorsque la procédure de concours tend à la conclusion d'un marché de maîtrise d'œuvre.

Personnalités désignées

L'alinéa 5 de l'article 25 précise que le jury de concours peut comporter « des personnalités » dont « la participation présente un intérêt particulier au regard de l'objet du concours ». La désignation de ces « personnalités » relève de la compétence de la personne responsable du marché. Le nombre des « personnalités » désignées, à ce titre, ne peut excéder cinq. Que la procédure de concours tende ou non à la conclusion d'un marché de maîtrise d'œuvre, la personne responsable du marché demeure libre, au regard de l'objet du concours, de procéder à une telle désignation. Il s'agit d'une simple faculté reconnue à l'acheteur public.

Personnes qualifiées

L'alinéa 6 de l'article 25 du CMP précise que l'acheteur public est tenu, « lorsqu'une qualification ou expérience particulière est exigée des candidats pour participer à un concours », de désigner dans le jury de concours des personnes ayant la « même qualification ou la même expérience ». C'est à la personne responsable du marché qu'il appartient de désigner nominativement les « personnes qualifiées » siégeant au sein du jury de concours. Les personnes qualifiées doivent constituer un tiers au moins du jury de concours. Le calcul du tiers de personnes qualifiées est effectué par rapport au nombre total de membres composant le jury de concours, à l'exclusion du comptable public et du représentant de la DGCCRF(23). La méconnaissance de cette exigence substantielle entache d'irrégularité la procédure de concours (CE 10 octobre 1994, Commune de Béziers, *MP* 1/98, p. 13).

La désignation de « personnes qualifiées » constitue une garantie pour les candidats, puisque leurs prestations vont être examinées par une instance collégiale comprenant des membres techniquement capables de procéder à un tel examen.

La désignation de ces personnes qualifiées ne constitue une obligation pour l'acheteur public que lorsqu'une « qualification ou expérience particulière est exigée des candidats pour participer au concours ». Leur présence au sein du jury n'est donc pas systématique.

Toutefois, lorsque la procédure de concours tend à la conclusion d'un marché de maîtrise d'œuvre, la doctrine officielle considère que le jury de concours doit obligatoirement comprendre un tiers de personnes désignées, c'est-à-dire un tiers de maîtres d'œuvre (instruction du 28 août 2001 pour l'application du code des marchés publics prise en application du décret n° 2001-210 du 7 mars 2001, *JO* 8 septembre). Les maîtres d'œuvre désignés nominativement en qualité de « personnes qualifiées » peuvent être des maîtres d'œuvre privés ou publics (CE 10 octobre 1994, Commune de Béziers, *MP* 1/98 p. 13 : le directeur général des services techniques municipaux et le directeur départemental de l'équipement répondent à

(23) Loi n° 85-704 du 12 juillet 1985 relative à la maîtrise d'ouvrage publique et à ses rapports avec la maîtrise d'œuvre privée.

cette qualification). Si le marché de maîtrise d'œuvre tend à la réalisation d'une opération dont l'exécution suppose la délivrance d'un permis de construire, les maîtres d'œuvre désignés en qualité de « personnes qualifiées » doivent comprendre nécessairement un architecte (rép. min. *JOAN* 28 décembre 1998 ; *MTP* 15 janvier 1999, suppl. TO p. 294).

Bien entendu, le jury de concours doit être exclusivement composé de « personnes indépendantes des participants au concours » (CMP, art. 25, al. 1).

Personnes invitées

Le président du jury peut décider d'inviter le comptable public et le représentant de la DGCCRF à participer au jury de concours.

7.2.2 Autorité compétente pour désigner le jury de concours

La compétence pour désigner les membres du jury de concours intervenant en qualité de « personnalités désignées » ou de « personnes qualifiées » appartient à la personne responsable du marché. Cette désignation est nécessairement nominative.

La désignation du « noyau dur » du jury de concours composé par les membres de la CAO obéit aux règles de droit commun gouvernant la désignation de cette dernière commission (sur ce point, voir 2.2.3).

Le jury de concours ne peut pas présenter un caractère permanent, puisque certains de ses membres sont nominativement désignés en fonction de l'objet du marché. Le jury du concours est donc spécifiquement désigné pour chaque opération.

7.2.3 Fonctionnement du jury de concours

L'ensemble des membres du jury (c'est-à-dire les membres composant le noyau dur, les personnalités désignées et les personnes qualifiées) a voix délibérative. Seuls le comptable public et le représentant de la DGCCRF ont voix consultative lorsqu'ils sont invités à participer au jury de concours par le président du jury (CMP, art. 25).

Les règles entourant la convocation et le fonctionnement du jury de concours obéissent aux règles de droit commun applicables aux CAO (voir 2.2.4).

7.3 Déroulement de la procédure

La procédure de concours ne constitue pas en tant que telle une procédure de passation d'un marché. Cette procédure n'a pas pour objet, en effet, de permettre à l'acheteur public de conclure un contrat mais de sélectionner un ou plusieurs lauréats, c'est-à-dire de retenir un ou plusieurs projets qui correspondent aux besoins exprimés. À l'issue de la procédure de concours, la collectivité publique peut confier, par le biais d'un marché négocié, la réalisation du projet à l'un des lauréats sélectionnés par voie de concours. La procédure du concours et la procédure négociée subséquente qui aboutissent à la conclusion du marché proprement dit sont donc étroitement liées.

7.3.1 Forme du concours

Le concours peut être ouvert ou restreint. Il est à noter que le concours de maîtrise d'œuvre présente obligatoirement la forme d'un concours restreint (CMP, art. 74 § II, al. 2). Lors d'une procédure de concours, les candidats sont tenus de déposer trois enveloppes. La première enveloppe contient les renseignements relatifs à la candidature, la deuxième enveloppe les prestations demandées et la troisième enveloppe les offres de prix pour la réalisation du marché.

Lorsque le concours est ouvert, le candidat dépose, dès la phase de sélection des candidatures, un pli comportant ces trois enveloppes. En cas de concours restreint, le candidat dépose uniquement, dans un premier temps, la première enveloppe contenant les renseignements relatifs à la candidature. Seuls les candidats admis à concourir sont, par la suite, invités à déposer la deuxième et la troisième enveloppes.

7.3.2 Publicité

La procédure du concours débute obligatoirement par un avis d'appel public à la concurrence, complété éventuellement par un avis de préinformation (voir 3.1). L'avis d'appel public à la concurrence obéit, qu'il s'agisse des modalités de publication ou du contenu de la publicité, aux règles générales qui s'appliquent à la procédure d'appel d'offres. L'acheteur public est ainsi invité à utiliser les formulaires standardisés d'avis de concours issus des directives communautaires (voir 3.1.2). En cas de concours aboutissant à la conclusion d'un marché de maîtrise d'œuvre, l'article 74 § II, alinéa 3 du CMP précise que l'avis d'appel public à la concurrence doit obligatoirement indiquer le montant de la prime qu'il est envisagé de verser aux candidats.

7.3.3 Délais de mise en concurrence

Le troisième alinéa de l'article 70 du CMP précise que la procédure du concours est soumise à des délais de mise en concurrence identiques à ceux applicables en procédure d'appel d'offres (voir 3.3).

7.3.4 Document de consultation

Les documents de consultation établis lors d'une procédure de concours présentent une certaine spécificité en raison de la particularité de la prestation exigée des candidats. Ces documents comportent notamment un règlement et un programme de concours. Un arrêté en date du 28 août 2001 pris en application de l'article 42 du CMP 2001 (*JO* 8 septembre) fournit un modèle de règlement de concours précisant les mentions devant figurer dans un tel document. En revanche, le CMP 2004 et ses textes d'application ne précisent pas les mentions qui doivent figurer dans le programme de concours. Une certaine liberté est donc reconnue à la collectivité publique dans la rédaction de ce dernier document de consultation. Toutefois, le maître d'ouvrage public doit veiller à préciser dans le programme les objectifs de l'opération et les besoins auxquels doivent répondre les candidats ainsi que les principales contraintes et exigences de tout ordre qui pèsent sur la réalisation de ladite opération. Bien entendu, ces documents doivent respecter les principes d'égalité de traitement des candidats et de transparence et, à ce titre, être complets, intelligibles, exacts et non discriminatoires.

7.3.5 Sélection des candidatures

La procédure de sélection des candidatures dans le cadre de la procédure du concours obéit à un régime juridique identique à celui applicable dans la procédure d'appel d'offres de droit commun (voir 3.4), sous réserve de deux particularités.

Tout d'abord, le lancement d'une procédure de concours suppose l'instauration d'une instance collégiale particulière, le jury de concours. À la différence d'une procédure d'appel d'offres classique, les candidatures ne sont pas examinées par la CAO, mais pas une instance particulière, le jury de concours.

La seconde spécificité de la procédure du concours est liée à l'autorité compétente pour arrêter la liste des candidats admis à présenter une offre. En procédure d'appel d'offres de droit commun, cette compétence appartient à la CAO, après ouverture et examen des dossiers de candidature par la personne responsable du marché. Dans la procédure du concours, la personne responsable demeure compétente pour ouvrir les enveloppes contenant les candidatures et pour en enregistrer le contenu. À la suite de ce travail préparatoire, le jury examine les dossiers de candidature et formule un avis motivé qui ne lie pas la personne responsable du marché. Cette dernière, en s'appuyant sur l'avis du jury, dresse la liste des candidats admis à concourir (CMP, art. 70, al. 5).

7.3.6 Examen des prestations et des offres de prix

L'examen des prestations remises par les candidats obéit aux règles de droit commun applicables en matière de procédure d'appel d'offres (voir 3.5), sous réserve des spécificités suivantes.

Intervention du jury de concours

La procédure de concours suppose l'instauration d'une instance collégiale particulière, le jury de concours, et non pas l'intervention de la CAO classique qui intervient dans la procédure d'appel d'offres de droit commun.

Attributions reconnues au jury

Dans la procédure d'appel d'offres « classique », la compétence de la CAO pour ouvrir et examiner les offres déposées par les candidats est totale et exclusive. À ce titre, c'est à la CAO qu'il revient d'écarter les offres non recevables, d'établir un classement des offres et de sélectionner l'offre économiquement la plus avantageuse.

L'état du droit est totalement différent en procédure de concours, puisque la compétence en matière d'examen des prestations (2e enveloppe) et d'offres de prix (3e enveloppe) est partagée entre le jury de concours et la personne responsable du marché. La personne responsable du marché ouvre les enveloppes contenant les prestations, enregistre leur contenu et prépare les travaux du jury. À la suite de cette première étape, le jury de concours analyse les prestations des candidats, vérifie leur conformité au règlement de concours, propose un classement fondé sur les critères indiqués dans la publicité et émet un avis motivé. Le jury transmet ce dernier avis motivé à la personne responsable du marché. À la suite de cette deuxième étape, la personne responsable du marché examine les offres de prix proposées par les candidats dans la troisième enveloppe. En tenant compte de l'avis motivé du jury du concours et des prix proposés par les candidats, la personne responsable du marché désigne le ou les lauréats du concours.

Règle de l'anonymat

Lorsque le marché qu'il est envisagé de conclure à la suite de la procédure de concours présente un montant supérieur à 230 000 € HT, la collectivité publique doit exiger que les candidats remettent des prestations anonymes sous peine d'irrecevabilité de leur offre. Lorsque ce dernier seuil est dépassé, l'article 70 alinéa 6 exige que le jury de concours examine les prestations rendues par les candidats de façon anonyme.

Désignation d'un ou plusieurs lauréats

À l'issue de la procédure d'examen des prestations et des offres de prix (deuxième et troisième enveloppes), la personne responsable peut désigner un ou plusieurs lauréats. La différence est donc de taille par rapport à une procédure d'appel d'offres de droit commun puisqu'une telle procédure aboutit obligatoirement à la désignation d'un seul candidat.

7.3.7 Suite donnée au concours

La procédure de concours aboutit à la désignation par la personne responsable du marché d'un ou plusieurs lauréats et non pas à la conclusion d'un marché. Si la personne publique souhaite conclure un marché pour confier à l'un des lauréats la réalisation du projet envisagé, elle est habilitée à lancer une procédure négociée sans publicité préalable et sans mise en concurrence (CMP, art. 35 § III, 3°). Dans ces conditions, sans avoir à établir une nouvelle publicité ni à lancer une procédure de mise en concurrence formalisée, la personne responsable du marché peut entamer des négociations avec l'ensemble des lauréats du concours. À l'issue de cette phase de négociations, la personne responsable du marché retient le projet développé par l'un des candidats. La personne responsable du marché propose alors à l'assemblée délibérante d'attribuer le marché au candidat retenu (CMP, art. 70, al. 8).

8

LE DIALOGUE COMPÉTITIF

D'origine communautaire, la procédure de dialogue compétitif est une technique qui vise à faire bénéficier la personne publique des réponses innovantes apportées par des fournisseurs à certaines consultations. Elle doit permettre aux collectivités publiques, dans des domaines d'activités où elles ne maîtrisent pas précisément leurs besoins, de confier aux entreprises le soin de dessiner le cahier des clauses techniques particulières. Cette procédure qui fait son apparition dans le CMP 2004 remplace la procédure d'appel d'offres sur performances. Les articles 36 et 67 du CMP encadrent le champ d'application et le déroulement de cette nouvelle procédure de mise en concurrence.

8.1 Champ d'application de la procédure

L'article 36 du CMP soumet le lancement d'une procédure de dialogue compétitif à une double condition. Les marchés de travaux présentant un montant compris entre 230 000 et 5 900 000 € HT bénéficient, quant à eux, d'un régime plus souple.

8.1.1 Droit commun

Lorsque le marché envisagé par l'acheteur public ne constitue pas un marché de travaux dont le montant est compris entre 230 000 et 5 900 000 € HT, le lancement d'une procédure de dialogue compétitif est soumis à deux séries de conditions liées, d'une part, aux caractéristiques mêmes du marché envisagé et, d'autre part, à l'exclusion des projets rentrant dans le champ d'application de la loi « MOP »(24).

Condition tenant aux caractéristiques du marché

Le recours à la procédure de dialogue compétitif doit être justifié par les caractéristiques mêmes du marché. L'article 36 du CMP précise ainsi que la procédure de dialogue compétitif peut être adoptée lorsque la personne publique n'est pas en mesure :
– soit de définir les moyens techniques pouvant répondre à ses besoins ;
– soit d'établir le montage juridique ou financier du projet.

La première hypothèse correspond au cas où l'acheteur public a identifié précisément son besoin, mais est techniquement incapable d'élaborer le cahier des charges décrivant explicitement les moyens techniques à mettre en œuvre pour aboutir à la satisfaction dudit besoin. La seconde hypothèse de recours à la procédure de dialogue compétitif ne repose pas sur des considérations techniques. Ici, l'acheteur public a identifié son besoin et est techniquement capable de rédiger le cahier des charges. Toutefois, il se trouve devant l'impossibilité de déterminer le montage juridique ou/et financier qui lui permettrait de mettre en œuvre de manière effective

(24) Loi n° 85-704 du 12 juillet 1985 relative à la maîtrise d'ouvrage publique et à ses rapports avec la maîtrise d'œuvre privée.

la solution technique retenue pour répondre parfaitement à ses besoins.

Cas particulier des marchés de communication

Lorsque les marchés de communication sont conclus à la suite d'une procédure de dialogue compétitif, l'article 68 du CMP reconnaît une certaine souplesse à l'acheteur public dans la gestion de ce type de marchés. La personne publique peut ainsi définir, dans les marchés de communication, une ou plusieurs phases de réalisation. À l'issue de chaque phase, l'acheteur public peut étudier l'efficacité de la campagne de communication mise en place et définir, en concertation avec le titulaire du marché, les nouveaux moyens à mettre en œuvre pour la phase suivante afin d'atteindre les objectifs de l'opération de communication. Ce dialogue entrepris avec le titulaire du marché à l'issue de chaque phase de réalisation ne peut aboutir ni à une modification du prix global du marché, défini lors de la conclusion du marché, ni à un changement de l'objet du marché. La durée de ces marchés de communication ne peut pas excéder 3 ans (CMP, art. 68).

Exclusion des projets rentrant dans le champ de la loi « MOP »

La procédure de dialogue compétitif ne peut pas être utilisée pour confier à un prestataire extérieur la définition et la réalisation d'un projet rentrant dans le champ d'application de la loi « MOP »(25). Dans cette hypothèse, en effet, l'acheteur public est tenu de conclure avec le prestataire extérieur un marché de conception-réalisation qui doit être conclu à la suite d'une procédure qui est propre à ce type de marché (voir la procédure propre aux marchés de conception-réalisation, chapitre 9). D'abord posée par le Conseil d'État(26), cette exclusion est, désormais, explicitement énoncée par le quatrième alinéa de l'article 36 du CMP. Dans ces conditions, la procédure de dialogue compétitif peut porter, dès

(25) Loi n° 85-704 du 12 juillet 1985 relative à la maîtrise d'ouvrage publique et à ses rapports avec la maîtrise d'œuvre privée.

(26) Dans un arrêt en date du 3 novembre 1997 (Conseil national de l'ordre des architectes, req. n° 148.433, *RDI* 1998, p. 87), le Conseil d'État a posé en principe que les procédures d'appel d'offres sur performance ne peuvent pas porter sur la conception et la réalisation d'un projet rentrant dans le champ d'application de la loi « MOP ».

lors que la première condition est remplie, sur les opérations suivantes :

- opération confiant à un prestataire extérieur l'établissement et l'exécution d'un ouvrage d'infrastructure ou de bâtiment non soumis à la loi « MOP ». Il s'agit essentiellement des ouvrages de bâtiment ou d'infrastructure destinés à une activité industrielle dont la conception est déterminée par leur processus d'exploitation. La procédure de dialogue compétitif peut ainsi être utilisée pour la passation de marchés portant sur la conception et la réalisation d'unités de traitement de déchets, de centrales de chauffage urbain, ou encore de centrales de production d'énergie ;
- opération confiant à un prestataire extérieur l'établissement et l'exécution d'un projet dans un domaine autre que les ouvrages de bâtiment ou d'infrastructure. À titre d'illustration, cette procédure va constituer un outil privilégié dans les domaines de l'informatique (acquisition de logiciels ou de progiciels), de la communication, ou encore de l'acquisition de certains matériels roulants de transport ;
- opération, dans tous les domaines d'activités, portant exclusivement sur l'exécution d'un projet préalablement défini.

8.1.2 Marchés de travaux compris entre 230 000 et 5 900 000 € HT

L'acheteur public peut décider discrétionnairement de lancer une procédure de dialogue compétitif pour conclure un marché de travaux présentant un montant compris entre 230 000 et 5 900 000 € HT. Pour la conclusion de ce type de marchés de travaux, la personne publique peut, en effet, choisir librement entre le lancement d'une procédure d'appel d'offres, le lancement d'une procédure négociée avec mise en concurrence et le lancement d'une procédure de dialogue compétitif (CMP, art. 28 § III, 1°). Si l'acheteur public opte pour cette dernière voie, il n'a pas, bien entendu, à justifier le lancement d'une telle procédure par l'impossibilité de définir les moyens techniques du projet envisagé ou la difficulté pour établir le montage contractuel ou financier de l'opération envisagée.

8.2 Déroulement de la procédure

L'article 67 du CMP définit et encadre strictement le déroulement de la procédure de dialogue compétitif. En application de cette dernière disposition, la procédure de dialogue compétitif obéit aux étapes suivantes.

8.2.1 Programme fonctionnel et documents de consultation

La réussite de la procédure de dialogue compétitif présuppose, qu'en amont de la procédure, l'acheteur public élabore un programme fonctionnel exprimant le plus clairement possible les besoins à satisfaire ainsi qu'éventuellement les performances à atteindre. Le programme fonctionnel détaillé peut prendre la forme d'un projet de cahier des charges techniques. Le dossier de consultation des entreprises transmis aux candidats contient le programme fonctionnel et l'ensemble des documents de consultation (voir 3.2).

8.2.2 Rédaction et publication d'un avis d'appel public à la concurrence

La procédure de dialogue compétitif débute par la publication d'un avis d'appel public à la concurrence. Cette publication obéit aux règles de droit commun définies à l'article 40 du CMP. Elle est opérée au *BOAMP* et au *JOUE* si le montant envisagé du marché excède 230 000 € HT conformément aux règles de droit commun applicables aux appels d'offres classiques (voir 3.1.2). L'avis d'appel public à la concurrence est inséré dans le *BOAMP* ou dans un journal d'annonces légales si la procédure de dialogue compétitif tend à la conclusion d'un marché de travaux dont le montant est compris entre 230 000 et 5 900 000 € HT.

8.2.3 Sélection des candidats admis à présenter une proposition

La sélection des candidatures se déroule selon les règles applicables aux procédures d'appel d'offres de droit commun (voir 3.4). Le délai minimal entre la date d'envoi de l'avis d'appel public à la concurrence et la date limite de réception des candidatures est fixé à 37 jours (CMP, art. 67 § I, 3°). Il ne semble pas possible d'utiliser la théorie de l'urgence et la publication d'un avis de préinformation pour réduire ce délai de mise en concurrence impératif puisque l'article 67 du CMP ne prévoit pas une telle possibilité. La sélection des candidats admis à présenter une proposition est opérée par la personne responsable du marché. Il est à noter qu'à la différence de l'ancienne procédure d'appel d'offres sur performances, la procédure de dialogue « compétitif » ne constitue pas officiellement une « déviance » de la procédure d'appels d'offres restreint. Par conséquent, la personne responsable du marché ne semble pas disposer de la possibilité de limiter, en amont de la procédure, le nombre de candidats admis à présenter une proposition.

8.2.4 Dialogue et audition des candidats

La phase de « dialogue » a pour but de permettre à l'acheteur public d'identifier la ou les solutions qui sont susceptibles de répondre aux besoins définis dans le marché. À ce titre, le sixième alinéa du § I de l'article 67 du CMP précise que « l'objet de ce dialogue est l'identification et la définition des moyens propres à satisfaire au mieux les besoins de la personne publique ».

La phase de « dialogue » débute à l'issue de la phase de sélection des candidats. La personne responsable du marché invite ainsi les candidats présélectionnés à déposer une proposition dans un délai qui est librement déterminé par la personne publique. Pour permettre aux candidats d'établir leurs propositions, l'acheteur public leur transmet le programme fonctionnel qu'il a préalablement rédigé. Le sixième alinéa de l'article 67 du CMP précise que le dialogue « peut porter sur tous les aspects du marché » envisagé. C'est ainsi que l'acheteur public est autorisé à auditionner chacun des candidats afin de rechercher la meilleure adaptation possible entre les propositions formulées et les besoins de la collectivité publique. Bien entendu, chacun des candidats doit être entendu par la personne responsable du marché dans les conditions de stricte égalité définies par le règlement de consultation. Le respect du principe d'égalité de traitement des candidats empêche également l'acheteur public de fournir à certains candidats des « informations susceptibles de les avantager par rapport à d'autres » (CMP, art. 67, al. 7). Ce même principe lui interdit, par ailleurs, de « révéler aux autres candidats des solutions proposées ou des informations confidentielles communiquées par un autre candidat » sans son accord explicite.

Le dialogue compétitif se poursuit jusqu'à ce que l'acheteur public soit en mesure d'identifier la ou les solutions correspondant à ses besoins. Il est à noter que la collectivité publique « peut prévoir que les discussions se dérouleront en phases successives » (CMP, art. 67 § I, al. 8). L'utilisation de ce procédé permet à la personne publique de sélectionner les candidats à l'issue de chaque phase de dialogue et de ne retenir que les seules propositions qui répondent le mieux aux critères fixés dans l'avis d'appel public à la concurrence ou dans le règlement de consultation. La personne publique doit indiquer, dans l'avis de publicité ou dans le règlement de consultation, sa volonté d'utiliser ce procédé de sélection des candidats et préciser les conditions de sa mise en œuvre.

8.2.5 Détermination du cahier des charges et transmission des offres

Lorsque la personne responsable du marché estime que la discussion est arrivée à son terme – car la ou les solutions proposées par les candidats correspondent aux besoins arrêtés dans le programme fonctionnel – elle arrête le cahier des charges et en informe tous les candidats qui ont participé à toutes les phases de discussion (CMP, art. 67 § II). La personne responsable du marché invite alors les candidats à déposer une offre dans un délai qui ne peut être inférieur à quinze jours.

Les offres transmises par les candidats doivent comprendre tous les éléments nécessaires à la réalisation du marché.

À la suite de la réception des offres, la personne responsable du marché peut demander aux candidats d'apporter certaines clarifications ou précisions sur les offres qu'elles ont déposées. Toutefois, le principe d'égalité de traitement des candidats prohibe que les clarifications, précisions ou compléments apportés par les candidats à leurs offres modifient les « éléments fondamentaux » de chacune des offres ou « les caractéristiques essentielles du marché » (CMP, art. 67

§ II, al. 5). Cette modification des projets proposés par les candidats et des caractéristiques du marché ne peut intervenir que lors de la phase de « discussion » et non lors de la phase d'analyse et de sélection des offres.

La personne responsable du marché rédige alors un rapport précis et détaillé retraçant le déroulement et le contenu des « discussions ». Elle convoque, ensuite, une CAO spécifique et lui transmet ce dernier rapport détaillé.

8.2.6 Convocation d'une CAO spécifique

La composition de la CAO intervenant dans la procédure de dialogue compétitif connaît une certaine spécificité (CMP, art. 24). La commission compétente pour attribuer un marché à la suite d'une procédure de dialogue compétitif est composée des membres de la CAO et de personnalités désignées en raison de leurs compétences dans la matière qui fait l'objet de la procédure. Ces personnalités sont désignées par la personne responsable du marché. Le nombre de ces personnalités est égal au tiers du nombre de la CAO ainsi créée (sur cette notion et le mode de computation du tiers exigé, voir 7.2.1 et note n° 23). Assistent également à la commission, sur invitation, le comptable public et le représentant de la DGCCRF. Il est à noter qu'au niveau local, les personnalités désignées, ainsi que le comptable et le représentant de la DGCCRF ont voix consultative. Les règles de convocation et de fonctionnement de cette commission obéissent aux règles de droit commun (voir 2.2.4).

8.2.7 Attribution du marché par la CAO spécifique

S'agissant des collectivités territoriales, il appartient à la CAO ainsi composée d'attribuer le marché par décision motivée. Cette dernière décision doit figurer au procès-verbal. Si aucune offre n'est jugée acceptable, l'acheteur public peut décider de ne pas donner suite à la procédure de dialogue compétitif. À la différence d'une procédure d'appel d'offres classique, la personne publique ne peut donc pas, pour faire face à un défaut d'offre acceptable, déclarer la procédure infructueuse et lancer une procédure négociée.

8.2.8 Allocation d'une prime

Le règlement de consultation peut prévoir que les candidats pourront bénéficier du versement d'une prime. À ce titre, le règlement de consultation doit définir, en amont de la procédure, les candidats qui sont susceptibles de bénéficier d'un tel versement. Ce document de consultation doit prévoir si la prime est allouée à tous les candidats, ou uniquement à ceux dont les propositions ont fait l'objet de la discussion ou tout simplement à ceux dont les offres ont été les mieux classées. En cas d'allocation d'une prime, la rémunération de l'attributaire du marché tient compte de la prime qui lui a été versée en application de l'article 67 § III du CMP.

9

LA PROCÉDURE PROPRE AUX MARCHÉS DE CONCEPTION-RÉALISATION

Le CMP soumet la passation de ces contrats à une procédure particulière qui était, sous l'empire des anciennes réglementations, assez proche de l'ancienne procédure d'appel d'offres sur performances. Cette similitude soulevait certaines difficultés juridiques pour les acheteurs publics qui, par erreur, utilisaient parfois la procédure d'appel d'offres sur performances « classique » pour aboutir à la conclusion d'un marché de conception-réalisation(27)*. Dans un souci de clarification de l'état du droit, le CMP 2004 tente de mettre fin à ces difficultés en proclamant l'autonomie de la procédure propre aux marchés de conception-réalisation. Elle constitue désormais une procédure à part entière (CMP, art. 26), dont le champ d'application est strictement délimité par rapport à la procédure de dialogue compétitif et qui obéit à des règles de passation propres.*

9.1 Champ d'application de la procédure

9.2 Déroulement de la procédure

(27) Sur l'irrégularité d'un tel procédé, CE 3 novembre 1997, Conseil national de l'ordre des architectes, req. n° 148.433, *RDI* 1998 p. 87.

9.1 Champ d'application de la procédure

La loi n° 85-704 du 12 juillet 1985 modifiée relative à la maîtrise d'ouvrage publique et à ses rapports avec la maîtrise d'œuvre privée (dite loi « MOP ») pose en principe que « pour la réalisation d'un ouvrage, la mission de maîtrise d'œuvre est distincte de celle de l'entrepreneur » (art. 7, al. 2). L'idée est simple. Pour clarifier les missions et les responsabilités de chacun des acteurs, l'édification d'une construction publique oblige, en principe, le maître de l'ouvrage public à confier à des intervenants différents les missions de maîtrise d'œuvre et les missions d'entrepreneurs. Toutefois, la loi « MOP » prévoit une dérogation à ce principe « lorsque des motifs d'ordre technique rendent nécessaire l'association de l'entrepreneur aux études de l'ouvrage ». Dans cette hypothèse dérogatoire, l'article 18 de la loi « MOP » dispose que « le maître de l'ouvrage peut confier par contrat à un groupement de personnes de droit privé ou pour les seuls ouvrages d'infrastructure, à une personne de droit privé, une mission portant à la fois sur l'établissement des études et l'exécution des travaux ». Le décret n° 93-1270 du 29 novembre 1993 (*JO* 1er décembre), pris en application de la loi « MOP » qualifie les contrats conclus en application de l'article 18 du CMP de contrat de « conception-réalisation ».

Le CMP 2004 n'a pas bouleversé le champ d'application de la procédure propre au marché de conception-réalisation. Le recours à cette procédure demeure suspendu à la présence de deux conditions. Le projet envisagé par la collectivité publique doit, tout d'abord, rentrer dans le champ d'application de la loi « MOP ». Dans la mesure où la technique de la conception-réalisation constitue une dérogation aux principes définis par la loi « MOP », l'acheteur public doit démontrer techniquement que le projet envisagé suppose nécessairement « l'association de l'entrepreneur aux études de l'ouvrage ».

9.1.1 Procédure obligatoire pour une opération définie par la loi « MOP »

Lorsque le projet envisagé par la personne publique tend à confier à un prestataire extérieur le soin de concevoir et de réaliser une construction publique rentrant dans le champ d'application de la loi « MOP », l'acheteur public est tenu de lancer une procédure de conception-réalisation (CMP, art. 37, al. 1). Cette obligation disparaît lorsque l'opération envisagée ne rentre pas dans le champ d'application de la loi « MOP ». Dans ce cas, la personne publique doit, en principe, conclure le marché à la suite d'une procédure de dialogue compétitif. Toutefois, elle demeure libre de lancer une procédure de conception-réalisation, même si la construction publique ne rentre pas dans le champ d'application de la loi « MOP » (TA 10 novembre 1997, Sté Krebs c/Sivom de l'agglomération messine, req. n° 97.2122, *Droit des marchés publics* III.233.2, dir. C. Bréchon-Moulènes, Éditions du Moniteur).

9.1.2 Motifs techniques rendant nécessaires le recours à la conception-réalisation

Seules des considérations techniques peuvent permettre à l'acheteur public de déroger aux principes guidant la maîtrise d'ouvrage publique et d'associer, dans un contrat global et unique, l'entrepreneur aux études de l'ouvrage. L'article 37 alinéa 2 du CMP précise, à ce titre, que les motifs justifiant la mise en œuvre de ce procédé contractuel dérogatoire « doivent être liés à la destination ou aux techniques de réalisation de l'ouvrage ». Deux types d'ouvrage sont concernés. Il s'agit :

- d'une part, des « ouvrages dont la finalité majeure est une production dont le processus conditionne la conception et la réalisation » ;
- d'autre part, des ouvrages dont les caractéristiques, telles que des dimensions exceptionnelles ou des difficultés techniques particulières, exigent de faire appel aux moyens et à la technicité propre des entreprises.

Le juge administratif interprète ces notions de manière très restrictive[28]. Le lancement d'une telle procédure ne peut, en tout état de cause, être justifié que par les seuls motifs techniques mentionnés à l'article 37 du CMP. Le CMP ne permet pas le recours à cette procédure particulière lorsque le lancement d'une telle procédure n'est justifié que par l'urgence de la situation (CE 17 mars 1997, Syndicat national du béton armé, des techniques industrialisées et de l'entreprise

(28) Pour illustration, TA Orléans 28 juillet 1994, Conseil régional de l'ordre des architectes de la région Centre, req. n° 94.413, *RDI* 1994, p. 629 – TA Strasbourg 14 novembre 2000, Daniel Delrez c/Ville de Metz, req. n° 99.3999, *Contrats marchés publ.* 2001 n° 11, note Llorens).

générale, req. n° 155.573, 155.574, 155.575). L'acheteur public est tenu d'indiquer, en amont de la procédure, dans l'avis d'appel public à la concurrence, les motifs techniques qui l'ont conduit à recourir à la procédure de conception-réalisation.

9.2 Déroulement de la procédure

Les précédents CMP posaient en principe que la procédure de conception-réalisation obéissait à des règles identiques à celles applicables à la procédure d'appel d'offres sur performances sous réserve de certaines spécificités. Désormais, le CMP 2004 proclame l'autonomie de la procédure de conception-réalisation. La procédure aboutissant à la conclusion d'un marché de conception-réalisation ne constitue donc plus un simple dérivé d'une autre procédure, mais une procédure à part entière qui obéit à des règles de procédures particulières définies à l'article 69 du CMP.

9.2.1 Programme de l'opération et des documents de consultation

Le lancement d'une telle procédure doit obligatoirement débuter par l'établissement, par l'acheteur public, des documents de mise en concurrence. Ces documents doivent, entre autres, comprendre un programme de l'opération et un règlement de consultation.

9.2.2 Rédaction et publication d'un avis d'appel public à la concurrence

Même si l'article 69 du CMP ne le prévoit pas, le lancement d'une procédure de conception-réalisation semble supposer la rédaction et la publication d'un avis d'appel public à la concurrence. Cette publication obéit aux règles de droit commun applicables aux marchés de travaux, puisque l'article 69 du CMP précise explicitement que « les marchés de conception-réalisation sont des marchés de travaux ». Dans ces conditions, l'avis d'appel public à la concurrence est publié au *BOAMP* et au *JOUE* si le montant du marché excède 5 900 000 € HT. Si la procédure tend à la conclusion d'un marché de conception-réalisation présentant un montant compris entre 230 000 et 5 900 000 € HT, la publicité s'effectue au *BOAMP* ou dans un journal d'annonces légales. En dessous de 230 000 € HT, la procédure doit faire l'objet d'une publicité « adéquate » (voir chapitre 4).

9.2.3 Constitution d'un jury spécifique

La gestion d'une procédure propre aux marchés de conception-réalisation suppose la constitution d'un jury spécifique, dont les règles de composition sont définies à l'article 69 alinéa 2 du CMP. Ce jury est composé des membres de la CAO de droit commun et de maîtres d'œuvre. Les maîtres d'œuvre sont désignés par la personne responsable du marché. Ils doivent être indépendants des participants et de la personne publique qui a lancé la procédure. Bien entendu, ils doivent être compétents « au regard de l'ouvrage à concevoir et de la nature des prestations à fournir pour sa conception. » (CMP, art. 69, al. 1). Le nombre de maîtres d'œuvre ainsi désignés est égal au moins au tiers du nombre des membres du jury ainsi constitué (sur le mode de computation du tiers exigé, voir 7.2.1 et note n° 23). Assistent également au jury, sur invitation, le comptable public et le représentant de la DGCCRF.

9.2.4 Sélection des candidats

L'article 69 du CMP ne précise pas les modalités de sélection des candidats qui s'appliquent en procédure de conception-réalisation. Dans ces conditions, il y a lieu de présumer que cette sélection se déroule selon les règles applicables aux procédures d'appel d'offres de droit commun (critères de sélection des candidatures, modalités d'envoi des candidatures, examen des candidatures, voir 3.4). Faute de précision, il y a également lieu de considérer que le délai minimal entre la date d'envoi de l'avis d'appel public à la concurrence et la date limite de réception des candidatures est fixé à 37 jours. Il ne semble pas possible d'utiliser la théorie de l'urgence et la publication d'un avis de préinformation pour réduire le délai de mise en concurrence impératif, puisque le CMP ne prévoit pas une telle possibilité.

La compétence pour arrêter la liste des candidats admis à réaliser des prestations est partagée entre le jury et la personne responsable du marché. Le jury demeure compétent pour ouvrir les plis contenant les candidatures, les examiner à travers les critères définis dans l'avis de publicité et dans le règlement de consultation et pour formuler un avis motivé sur la liste des candidats à retenir. Au vu de cet avis, la personne responsable du marché arrête la liste des candidats admis à réaliser des prestations (CMP, art. 69, al. 3).

9.2.5 Exécution des prestations par les candidats sélectionnés

La personne responsable du marché doit alors exiger la remise de « prestations », par les candidats présélectionnés. Le quatrième alinéa de l'article 69 du CMP précise, sur ce point, que les prestations demandées aux candidats à l'attribution d'un marché de conception-réalisation « comportent au moins un avant-projet sommaire pour un ouvrage de bâtiment ou un avant-projet pour un ouvrage d'infrastructure, accompagné de la définition des performances techniques de l'ouvrage ».

9.2.6 Audition des candidats

Le CMP prévoit une phase d'audition des candidats par le jury. Cette phase doit permettre aux différents candidats de présenter et d'expliquer leurs offres aux membres du jury. Le CMP 2004 semble, par contre, interdire à l'acheteur public de permettre aux candidats de modifier de manière substantielle leurs offres à la suite de cette audition. Le sixième alinéa de l'article 69 du CMP précise, en effet, que la personne responsable ne peut demander aux candidats que « des précisions, clarifications ou des compléments » sur leur offre. En aucun cas, « ces précisions, clarifications ou compléments ne peuvent avoir pour effet de modifier les éléments essentiels de l'offre ou les caractéristiques essentielles du marché »[29].

(29) Cette interprétation, limitant considérablement les possibilités de modification des offres à la suite de l'audition des candidats, semble conforme au droit communautaire. Dans ses conclusions sous l'affaire C-87/94, Commission des Communautés européennes c/Royaume de Belgique (*CJCE* 25 avril 1996) concernant un marché de fournitures de bus, Otto Lenz a ainsi précisé que « les notions de précisions ou de compléments ne permettent pas de remplacer des indications fournies antérieurement mais seulement de les concrétiser d'une façon ou d'une autre » (*Rec. CJCE* I, p. 2043 ; *Droit des marchés publics* III.233.2, dir. C. Bréchon-Moulènes, Éditions du Moniteur).

9.2.7 Avis motivé du jury

À la suite de l'audition des candidats et de l'examen de leur offre, le jury « dresse un procès-verbal d'examen des prestations et d'audition des candidats et formule un avis motivé » (CMP, art. 69, al. 5). Cet avis motivé ne présente qu'un caractère indicatif et ne lie pas le maître de l'ouvrage. Au vu de l'avis du jury, la CAO attribue le marché (CMP, art. 69, al. 7).

9.2.8 Allocation de primes

Les candidats ayant remis des offres ont droit au versement d'une prime (CMP, art. 69, al. 8). Le règlement de consultation doit, à ce titre, tout d'abord envisager les modalités de réduction ou de suppression des primes pour les candidats ayant déposé des offres incomplètes ou ne répondant pas au règlement de consultation. De même, il doit prévoir le montant de la prime allouée aux candidats ayant déposé une offre « conforme ». Ce montant doit correspondre au prix estimé des études de conception affecté d'un abattement inférieur à 20 %. La rémunération allouée à l'attributaire du marché tient compte de la prime qui lui a été versée en application de l'article 69, 8° du CMP.

10

LA PROCÉDURE DE PASSATION DES MARCHÉS RELATIFS AU 1 % ARTISTIQUE

L'article 31 du CMP soumet à un régime dérogatoire de mise en concurrence les marchés conclus par les acheteurs publics pour faire face à l'obligation de décoration qui pèse sur toute opération de construction ou de réhabilitation d'une construction publique. Les contours de cette obligation, ainsi que les procédures de passation applicables à cette catégorie particulière d'achats publics sont précisés par le décret n° 2002-677 du 29 avril 2002 relatif à l'obligation de décoration des constructions publiques et précisant les conditions de passation des marchés ayant pour objet de satisfaire à cette obligation (JO 2 mai 2002).

10.1 Champ d'application de l'obligation de décoration

Les collectivités territoriales sont pleinement concernées par cette obligation. Le décret n° 2002-677 du 29 avril 2002 relatif à l'obligation de décoration des constructions publiques et précisant les conditions de passation des marchés ayant pour objet de satisfaire à cette obligation (*JO* 2 mai 2002) précise, en effet, que cette obligation de décoration concerne, entre autres, les opérations immobilières dont « la maîtrise d'ouvrage est assurée par les collectivités territoriales » (CMP, art. 3). Le décret présente, en outre, un champ matériel relativement large puisque sont visées les opérations immobilières ayant « pour objet la construction et l'extension de bâtiments publics ou la réalisation de travaux de réhabilitation dans le cas de changement d'affectation, d'usage ou de destination de ces bâtiments ».

Le montant, toutes taxes comprises, des sommes affectées au respect de cette obligation doit être égal à 1 % du montant hors taxes du coût prévisionnel des travaux, tel qu'il est établi par le maître d'œuvre à la remise de l'avant-projet définitif, et ce, sans pouvoir excéder 2 millions d'euros (décret du 29 avril 2002, art. 2).

10.2 Procédures de passation applicables

Les marchés conclus par les collectivités territoriales pour répondre à l'obligation de décoration des constructions publiques présentent un objet particulier. Ils portent sur la commande d'une ou plusieurs réalisations artistiques destinées à être intégrées dans l'ouvrage ou ses abords (décret du 29 avril 2002, art. 1er, al. 1). Le décret du 29 avril 2002, relatif à l'obligation de décoration des constructions publiques et précisant les conditions de passation des marchés ayant pour objet de satisfaire à cette obligation, prévoit trois procédures de passation différentes selon le montant de la commande envisagée.

10.2.1 Commande comprise entre 1 et 10 000 € HT

En dessous de 10 000 € HT, l'acheteur public peut, après avis du maître d'œuvre, de l'utilisateur de l'ouvrage et du directeur régional des affaires culturelles « commander ou acheter une ou plusieurs œuvres d'art à un ou plusieurs artistes vivants » (décret du 29 avril 2002, art. 6, al. 1).

La procédure de mise en concurrence est donc des plus légère puisqu'elle se limite à une simple consultation des trois acteurs concernés directement par la construction publique.

10.2.2 Commande comprise entre 10 000 et 89 999 € HT

Entre ces deux seuils, la procédure de passation est plus formalisée. L'acheteur public est, tout d'abord, tenu de constituer et de saisir le « comité artistique » dont la composition est fixée à l'article 7 du décret. Cette saisine doit intervenir dès l'approbation de l'avant-projet sommaire. Le comité artistique élabore alors un programme artistique et le soumet à l'approbation du maître de l'ouvrage. Ce programme doit préciser, entre autres, la nature et l'emplacement de la réalisation envisagée. Sur la base de ce programme, le comité artistique consulte un ou plusieurs artistes qui lui remettent leurs projets. Après avis de ce comité, la PRM arrête son choix par décision motivée. L'article 13 du décret prévoit que les artistes ayant présenté un projet au comité artistique reçoivent une indemnité.

10.2.3 Commande présentant un montant supérieur à 90 000 € HT

Dans cette troisième et dernière hypothèse, la PRM arrête son choix dans les mêmes conditions que dans l'hypothèse précédente. Toutefois, doit en plus être consultée la commission artistique régionale. À la suite de l'examen des projets remis par les artistes intéressés, le comité artistique transmet les propositions au maître de l'ouvrage, qui les communique à la commission artistique régionale. Cette dernière émet un avis sur les projets dans un délai de trois mois à compter de sa saisine. Cet avis est transmis alors au maître de l'ouvrage qui arrête son choix par décision motivée. Les candidats ayant présenté un projet non retenu reçoivent une indemnité. Toutefois, il convient de souligner que ce procédé dérogatoire de mise en concurrence semble contraire au droit communautaire. Celui-ci, en effet, ne semble pas offrir une telle souplesse aux pouvoirs adjudicateurs lorsqu'ils procèdent à l'achat ou à la commande d'œuvres artistiques.

BIBLIOGRAPHIE

Ouvrages généraux

– *Droit des marchés publics*, C. Bréchon-Moulènes (dir.), Éditions du Moniteur, 3 classeurs, 4 mises à jour par an.

– *Code des marchés publics*, annoté et commenté par M. Guibal avec la collaboration de N. Charrel, Éditions du Moniteur, 2 classeurs, 1 CD-Rom, 4 mise à jours par an.

Articles sur le CMP 2004

– Ait-El-Kadi, Z., « La France répond aux griefs de la Commission européenne sur le code des marchés publics », *AJDA* n° 9/2004, p. 470.

– *AJDA*, Dossier « Le nouveau code des marchés publics », n° 7/2004, 23 février 2004, p. 362 à 388.

– Cossalter, P., « Nouveau code : les marchés à procédure allégée », *La Lettre du cadre territorial*, 15 mars 2004, p. 61.

– *Contrats marchés publ.*, « Réforme du code des marchés publics », février 2004, p. 25 à 50.

– *CP-ACCP*, « Le code 2004 des marchés publics », numéro spécial, mars 2004.

– Goutal, Y., « 50 questions sur le nouveau code des marchés publics », *Le courrier des maires et des élus locaux*, février 2004, p. 79.

– Guibal, M., « La réforme du code des marchés publics », *JCP*, p. 113.

– Michon, J., « Article 1, Les principes généraux », « Les principaux changements du nouveau code », *MTP* 16 janvier 2004, p. 68 et 149.

– Michon, J., « Éviter les pièges juridiques du nouveau code », « Article 39, La publication d'un avis de pré-information », *MTP* 23 janvier 2004, p. 74 et 157.

– Michon, J., « Connaître et respecter les nouveaux seuils de concurrence et de procédure », *MTP* 30 janvier 2004.

– Michon, J., « Article 40-II, La publicité adaptée des marchés inférieurs à 90 000 euros HT », *MTP* 6 février 2004, p. 149.

– Michon, J., « Article 40-III, La publicité des marchés formalisés situés entre 90 000 et 230 000 euros HT », *MTP* 13 février 2004, p. 157.

– Michon, J., « Article 40-IV, La publicité des marchés de travaux », *MTP* 20 février 2004, p. 157.

– Millett, T., « Panorama des nouvelles directives européennes », *MTP* 13 février 2004, p. 74.

– Pignon, S., « Commentaire des normes, à propos du décret du 7 janvier 2004 portant code des marchés publics, Aperçu de la réforme du code des marchés publics : “un achat public plus simple et plus efficace” », *Les Petites Affiches* n° 14, 20 janvier 2004, p. 6.

– Royer, E., « La Commission européenne conteste le nouveau code des marchés publics », *AJDA* n° 6/2004, p. 294.

– Royer, E., « Publication du nouveau code des marchés publics », *AJDA* n° 2/2004, p. 61.

INDEX ALPHABÉTIQUE

P

R

S

TABLE DES MATIÈRES

www.ingramcontent.com/pod-product-compliance
Lightning Source LLC
LaVergne TN
LVHW050820061126
851857LV00012B/889
* 9 7 8 2 2 8 1 1 2 4 4 8 4 *